Les conflits de droit de la mer en mer de Chine

Recherches Asiatiques

Collection fondée par Philippe Delalande
et dirigée par Xavier Richet

Dernières parutions

Yves REYNAUD, *La minorité musulmane des Rohingyas en Birmanie. Histoires, quotidien et témoignages*, 2021.
Nobuaki ITO, *Un regard du Japon sur les relations internationales, Relations entre pays démocratiques en Asie et Europe*, 2021
Can CUIN, Les commerçants africains en Chine, Modes de vie et intégration à Yiwu, 2020.
Gérard Gilles EPAIN, *Indo-chine. Viêt Công. La guerre civile du Viêt Nam (1956-1975). Une histoire coloniale oubliée*, 2018.
Joël GIRAUD, *Vietnam, les ethnies minoritaires des hauts plateaux du centre. Histoire, mode de vie, avenir*, 2017
Alain RIQUIER, *L'Indonésie. De la préhistoire à la présidence de Jokowi*, 2016.
Gregor MULLER, *Les « mauvais français » du Cambodge colonial, Les débuts du protectorat français et la vie de Thomas Camaran, 1840-87*, 2015
Avòunado Ngwâma, *La cour d'amour. La galanterie dans les contreforts orientaux de l'Himalaya*, 2014.
Jean-José SEGERIC, *La Chine et le traité de Versailles (1919), une trahison occidentale*, 2014.
Nguyên Ba Thiên, *La Cochinchine. Histoire d'une colonie française en Asie extrême*, 2014.
Claude HELPER, *La politique des USA en Corée du Nord : un fiasco*, 2014.
Olivier LOUIS, *Histoire du Pakistan jusqu'à nos jours*, 2014.
Jacques MAÎTRE, *Việt Nam central : renaissance de la vallée d'A Lưới après les bombes américaines et l'agent orange (1961-2011)*, 2013.
Jean-José SÉGÉRIC, *Le Japon militaire*, 2013.
Barbara VAILLANT, *Boat people vietnamiens, Entre mémoire et diaspora*, 2013.
Jean-Claude PIVIN, *Les semailles des Kurus. Extraits choisis du Mahābhārata*, 2012.
LI Hong, *La renaissance des campagnes en Corée du Sud 1960-2012*, 2012.
Marion FROMENTIN-LIBOUTHET, *L'image du Laos au temps de la colonisation française (1861-1914)*, 2012.
Philippe GENDREAU, *Pierre-Marie Gendreau, un missionnaire vendéen au Tonkin*, 2012.

Jean-Grégoire Mahinga

Les conflits de droit de la mer en mer de Chine

L'Harmattan

5-7, rue de l'Ecole-Polytechnique, 75005 Paris

http://www.editions-harmattan.fr

ISBN : 978-2-343-24556-0
EAN : 9782343245560

SOMMAIRE

ABREVIATIONS

ACDI : Annuaire de la Commission de droit international

AFDI : Annuaire Français de droit international

AJIL : American journal of International Law

AJMOA : Australian Journal of Marine and Ocean Affairs

AsJIL : Asian Journal of International Law

AUKUS : Autralia – United Kingdom – United States of America

BOS : Base of Slope (Base du talus continental)

BrJIL : Brooklyn Journal of International Law

CaFPJ : Canadian Foreign Policy Journal

ChJIL : Chinese Journal of International Law

CJCL : Chinese Journal of Comparative Law

CIJ : Cour Internationale de Justice

CLPC/CLCS : Commission sur les Limites du Plateau Continental

CNUDM/UNCLOS : Convention des Nations Unies sur le droit de la mer

CYBILA : Chinese YearBook of International Law and Affairs

ELQ : Ecology Law Quarterly

FOS : Foot of Slope (Pied du talus continental)

GYBIL : German YearBook of International Law

ICLQ : International and Comparative Law Quarterly

IJMCL : International Journal of Marine and Coastal Law

ILA : International Law Association

JEAIL : Journal of East Asia and International Law

M : Nautical Mile

Mar. Pol. : Marine Policy

NILR : Netherlands International Law Review

NYBIL : Netherlands YearBook of International Law

NYUJILP : New York University Journal of International Law and Politics

OCLJ : Ocean and Coastal Law Journal

ODIL : Ocean Development and International Law

RACIJ : Recueil des Arrêts et Avis de la Cour internationale de justice

RCADI : Recueil des cours de l'Académie de droit international

RGDIP : Revue générale de droit international public

RQDI : Revue Québécoise de droit international

SJIL : Stanford Journal of International Law

SyrJILCom : Syracuse journal of International Law and Commerce

TICLJ : Temp International and Comparative Law journal

TIDM : Tribunal International du Droit de la Mer

UNTS : United Nations Treaties Series

VAC : Volume admissible de capture

VandJTL : Vanderbilt Journal of Transnational Law

INTRODUCTION

1 Le centre de gravité de l'économie mondiale se trouve actuellement dans la région dite de l'Indo-Pacifique[1]. Cette région compte les principaux Etats composant le G 20[2] et elle contribue à plus de 60% au PIB mondial. C'est l'importance de cette région qui explique que les Etats-Unis aient conclu l'accord dit AUKUS en septembre 2021. Car l'autre caractéristique de cette zone est la montée en puissance de la Chine tant du point de vue économique que militaire. Précisément, l'aspect militaire de la puissance chinoise se manifeste surtout dans une partie bien définie de l'Indo-Pacifique : la mer de Chine. Celle-ci constitue une région qui présente la particularité d'être une zone où les conflits entre Etats sont très exacerbés. Ces conflits portent à la fois sur des questions de souveraineté territoriale et sur des problèmes très spécifiques de droit de la mer, qu'il s'agisse de la pêche maritime ou de la détermination des limites des juridictions maritimes des Etats côtiers. Ces litiges sont d'autant plus accentués que la mer de Chine est une région où les affirmations de nationalisme sont très marquées.

2 La mer de Chine peut être divisée en trois zones. Le Nord correspond à une région où s'affrontent les prétentions de la Russie et le Japon à propos des îles Kouriles[3]. En réalité, ce litige a lieu en mer du Japon et en mer d'Okhotsk situées au Nord de la mer de Chine orientale. Les îles Kouriles sont constituées de diverses formations géographiques ayant appartenu au Japon et qui sont occupées depuis 1945 par l'Union soviétique, d'abord, et par la Fédération de Russie, à la suite de l'éclatement de l'URSS. Ce litige pose la question de l'occupation en temps de guerre comme mode d'acquisition de territoire. A ce titre, la jurisprudence internationale a exactement précisé que l'occupation militaire a pu être un mode d'acquisition de territoire avant 1918 et que, depuis cette date, elle ne constitue plus un

[1] La région de l'Indo-Pacifique correspond à une zone géographique qui va de la partie tropicale de l'océan Indien pour se poursuivre en direction de la partie occidentale de l'océan Pacifique.

[2] Ces principaux pays sont : Australie, Chine, Corée du Sud, Inde, Indonésie et Japon.

[3] Ces îles sont dénommées kouriles, en Russie et territoires du Nord au Japon.

mode d'acquisition de titre territorial[4]. En tous les cas, ce différend à des implications sur le droit de la mer. D'une part, ce litige soulève la question de l'accès des pêcheurs japonais aux zones de pêche adjacentes aux îles en cause et il se traduit par des incidents réguliers entre les pêcheurs Japonais et les autorités maritimes Russes. D'autre part, la présence de ces îles a une incidence sur la construction des lignes de base japonaises ainsi que sur la délimitation maritime entre le Japon et la Russie.

3 La deuxième zone concerne la mer de Chine orientale et le Sud de la mer de Japon. Dans cette zone, un différend portant sur des îlots oppose le Japon à la Corée du Sud. En effet, ces deux Etats sont en litige à propos des rochers Liancourt, autrement appelés Takeshima ou Tok-do. Ce différend trouve son origine dans la construction, à partir de 1996, par la Corée du Sud, de dispositifs portuaires sur ces îlots. Or, du fait de leur emplacement, les Liancourt Rocks ont un effet direct sur la délinéation et la délimitation maritimes mettant en cause les espaces appartenant à chacun des deux Etats. Par ailleurs, il y a lieu de noter que le Japon et la Corée du Sud ont retenu, pour la définition de leurs mers territoriales dans le détroit de Corée ou détroit Tsushima, une largeur de 3 milles marins afin d'y permettre la navigation internationale[5]. Dans le cas contraire, le chevauchement de leurs projections maritimes aurait constitué un obstacle à l'ouverture de ce détroit à la navigation internationale[6].

4 Enfin la troisième zone correspond à la mer de Chine méridionale. Si cette appellation est celle que retient généralement la communauté internationale à propos de cette mer, il convient de souligner que, par une déclaration en date du 14 juillet 2017, l'Indonésie a décidé de dénommer le bras de mer qui s'étend au Nord de l'archipel de Natuna mer septentrionale de Natuna. Ce changement de dénomination a conduit à une réaction négative de la Chine. En

---

[4] Affaire du différend entre Erythrée et Yémen, Première étape de la procédure : souveraineté territoriale et champ du différend, Sentence arbitrale du 9 octobre 1998, para. 147.

[5] Les articles 37 et 38 de la CNUDM ne s'appliquent pas en l'occurrence, car ce détroit ne concerne pas la navigation internationale entre une partie de la haute mer ou de la ZEE et une autre partie de la haute mer ou de la ZEE. La navigation s'y déroule à travers la mer territoriale de l'un ou l'autre Etat.

[6] Le Japon a maintenu la même position en ce qui concerne les détroits de Soya, de Tsugaru et de Osumi.

tous les cas, qu'elle s'appelle mer de Chine méridionale ou mer septentrionale de Natuna, cette zone apparaît comme un concentré de différends opposant les uns aux autres la quasi-totalité des Etats qui y sont présents.

5 Un premier litige, dans cette région, met aux prises le Japon, Taïwan et la Chine relativement à la souveraineté sur les îles Senkaku/Diaoyu/Tiaoyu. Il s'agit d'un groupe de sept petites îles inhabitées qui sont administrées par le Japon. L'intérêt de ce groupe d'îles réside dans leur effet sur le tracé des lignes de délinéation ou de délimitation des frontières maritimes. Afin d'accentuer ses prétentions quant à la souveraineté sur ce groupe d'îles, le 23 novembre 2013, la Chine allait établir une zone de défense aérienne et d'identification[7] au-dessus de ces îles.

6 Une deuxième série de différends concerne les îles Paracel. Ce litige oppose la Chine, Taïwan et le Viet Nam. En l'espèce, le différend a une incidence directe sur les lignes de délimitation et de délinéation des Etats concernés. Depuis janvier 1974, les îles Paracel font l'objet d'une occupation par la Chine, à la suite des affrontements armés intervenus entre les armées chinoise et vietnamienne. Il y a lieu de noter que les îles Paracels sont formées par près de 35 îlots, bancs de sable, dont le plus large, Woody Island ayant 2 km^2, a été transformé en Centre administratif par la Chine.

7 Un troisième différend existe dans cette zone entre la Chine, Taïwan, Brunei, Malaisie, Viet Nam, et les Philippines. Ce différend porte sur les îles Spratly. Les Spratly comprennent une zone maritime de plus de 410.000 Km^2 renfermant un ensemble de plus de 140 îlots, rochers, hauts-fonds découvrant etc. Il s'agit, cependant, d'un différend relatif à la souveraineté territoriale sur lesdites îles. Toutefois, le différend relatif à la souveraineté sur les îles emporte des incidences en matière de délimitation et de délinéation maritimes. C'est un aspect de ce différend que les Philippines ont soumis à un Tribunal arbitral constitué conformément à l'annexe VII de la Convention de 1982 sur le droit de la mer[8].

---

[7] En anglais Air Defence Identification Zone, ADIZ.

[8] C'est l'aspect droit de la mer du différend qui avait été porté devant cette juridiction arbitrale. De plus, le différend relatif au droit de la mer se réduisait à la détermination du statut des formations insulaires des Spratley. Voir, affaire du

8 Un autre différend a lieu dans cette zone entre Taïwan et la Chine[9] à propos des îles Patras. Le cinquième litige existant dans cette partie méridionale de la mer de Chine est survenu entre la Chine, Taïwan et les Philippines à propos du récif de Scarborough localisé dans la zone économique exclusive des Philippines. Il existe, en outre, un différend entre la Chine et Taïwan à propos de l'atoll de Macclesfield Bank qui est une formation géographique immergée en permanence, y compris à marée basse. Enfin, plus au Sud de la mer de Chine, il y a un septième différend entre la Chine et la Malaisie à propos de l'îlot James Shoal, qui est un récif[10].

9 Il convient de souligner qu'il a existé également des différends entre la Malaisie et l'Indonésie et entre la Malaisie et Singapour. Ces litiges ont été soumis au règlement de la Cour internationale de justice et les décisions rendues à ce propos par la Cour ont été exécutées par les Parties[11]. Le litige qui oppose actuellement les Philippines et la Chine, même après la sentence arbitrale rendue par le Tribunal arbitral constitué en vertu de l'article 287 de la Convention de 1982 sur le droit de la mer et conformément à l'annexe VII de cette Convention, se présente comme étant le résumé de tous ces différends. Car, il en présente toutes les caractéristiques : différend de souveraineté territoriale et différend relatif à des questions de droit de la mer (question des pêcheries, statut juridique des formations géographiques

---

différend entre les Philippines et la Chine, les Philippines c. La Chine, compétence et recevabilité, Sentence arbitrale du 29 octobre 2015 et fond, Sentence arbitrale du 12 juillet 2016.

[9] Il faut noter que le différend entre la Chine et Taïwan sur ces formations insulaires cache un autre différend qui, cette fois, concerne l'existence même de Taïwan en tant qu'Etat indépendant. La Chine considère Taïwan comme étant partie intégrante de son territoire.

[10] Depuis le 25 mars 2013, la Chine occupe l'ensemble de cette formation insulaire. Celle-ci est située à 80 km des côtes de la Malaisie et à 1640 km des côtes de l'île chinoise de Hainan, soit à 1800 km des côtes continentales de la Chine.

[11] CIJ, affaire relative à la souveraineté sur Pulau Litigan et Pulau Sipadan, Indonésie/Malaisie, Arrêt du 17 décembre 2002, RACIJ, 2002, p. 625 ; affaire relative à la souveraineté sur Pedra Branca/Pulau Batu Puteh, Middle Rocks et South Ledge, Malaisie/Singapour, Arrêt du 23 mai 2008, RACIJ, 2008, p. 12. Il est à noter que la CIJ était saisie d'une demande de révision et d'une demande d'interprétation de cet arrêt. Ces demandes ont été présentées par la Malaisie. Toutefois, à la suite de l'accord intervenu entre les Parties, la Cour a, par ordonnance en date du 29 mai 2018, constaté l'accord de désistement des instances présenté par les deux Parties.

en cause, détermination des espaces maritimes susceptibles d'être attribués à ces îles, etc ...).

10 Dès lors, par une demande en date du 22 janvier 2013, les Philippines allaient soumettre à la procédure d'arbitrage de l'annexe VII de la Convention de 1982 sur le droit de la mer le différend existant entre cet Etat et la Chine en mer de Chine méridionale. A cet égard, les Philippines demandaient au Tribunal arbitral de dire, d'une part, que les droits et obligations des deux Parties dans cette région étaient gouvernés par la Convention de 1982 sur le droit de la mer et que, par conséquent, les prétentions maritimes chinoises fondées sur la « Nine-Dash Line » sont inconsistantes au regard de cette Convention. D'autre part, les Philippines sollicitaient du Tribunal arbitral qu'il caractérise, au regard de l'article 121 de la Convention de 1982 sur le droit de la mer, la nature de certaines formations maritimes revendiquées par les deux Parties : îles, hauts-fonds découvrants ou bancs immergés. Dans cette mesure, il s'agissait de déterminer si ces formations maritimes étaient de nature à générer des prétentions maritimes autres qu'une mer territoriale de 12 milles marins. Enfin, les Philippines demandaient au Tribunal arbitral de leur permettre d'exercer et de jouir de leurs droits dans la zone économique exclusive et sur le plateau continental ainsi qu'au-delà de ces zones maritimes[12]. Le Tribunal arbitral a retenu sa compétence dans ce différend, en dépit de la non-comparution de la Chine[13]. Par la suite, en examinant l'affaire au fond, le Tribunal arbitral devait rejeter les prétentions de la Chine en mer de Chine[14]. La conséquence la plus importante de cette sentence arbitrale est, pour celle-ci, d'être parvenue à la conclusion selon laquelle les formations insulaires des Spratly ne sont pas des îles au sens de l'article 121, paragraphe 2 de la Convention de 1982 sur le droit de la mer. Ces formations sont, soit

[12] Affaire du différend entre les Philippines et la Chine, compétence et recevabilité, Sentence arbitrale du 29 octobre 2015, para. 26.

[13] En réalité, la juridiction arbitrale allait joindre les exceptions de compétence au fond, dans la mesure où elle avait considéré que ces exceptions n'avaient pas, pour l'essentiel, un caractère préliminaire. Il n'y a que la demande des Philippines relative aux statuts des formations insulaires en cause qui a conduit le Tribunal arbitral à retenir directement sa compétence. Cf. Affaire du différend entre les Philippines et la Chine, compétence et recevabilité, Sentence arbitrale du 29 octobre 2015, para. 398-412.

[14] Voir affaire du différend entre les Philippines et la Chine, Les Philippines c. La Chine, fond, Sentence arbitrale du 12 juillet 2016, para.1203 (dispositif).

des rochers qui ne se prêtent pas à une vie humaine ou à une activité économique propre, soit des hauts-fonds découvrants. Il s'ensuit qu'elles ne peuvent générer, à l'exception d'une mer territoriale de 12 milles marins, de zones maritimes[15]. Ainsi, les conflits de droit de la mer en mer de Chine méridionale ne sont-ils plus des litiges relatifs à l'acquisition des espaces maritimes toujours plus étendus, car les formations insulaires en cause ne peuvent y prétendre.

11 Dorénavant, c'est sur les effets de ces formations insulaires au regard de la délimitation maritime et à propos de la délinéation que se trouve leur importance. Celle-ci reste néanmoins entière en ce qui concerne les pêcheries dans les Spratly ainsi que dans les autres formations insulaires de la mer de Chine orientale. Car la quête des espaces maritimes, toujours plus vastes, traduit aussi le besoin pour les Etats riverains de disposer librement de ressources maritimes. De fait, à côté des ressources en pétrole et en gaz, les pêcheries constituent des ressources très importantes en mer de Chine. Dès lors, la volonté des Etats côtiers de la mer de Chine va se manifester dans le sens de pouvoir disposer d'espaces maritimes sur lesquels s'exerceront des droits souverains et de juridiction exclusifs en matière d'exploration et d'exploitation de ces ressources. C'est ce que permettent la zone économique exclusive de 200 milles marins ainsi qu'un plateau continental de même largeur. C'est cet enjeu qui avait conduit les Etats riverains de la mer de Chine à tenter de qualifier d'îles les formations insulaires des Spratly de façon à attribuer à celles-ci les espaces maritimes prévus, en leur faveur, par l'article 121 de la Convention de 1982 sur le droit de la mer. Précisément, c'est cet enjeu du contrôle des ressources, notamment de la pêche, qui, entre autres, explique la thèse chinoise de la ligne en neuf segments ou Nine-Dash Line. En effet, à l'intérieur de cette zone se déploie l'exercice de droits exclusifs de pêche en faveur de la Chine. En ce sens, la ligne en neuf segments correspondrait à la zone où s'exerceraient des droits traditionnels de pêche au profit exclusif de la Chine.

12 Le statut reconnu aux îles par la sentence arbitrale rendue dans le différend entre les Philippines et la Chine vient donc remettre en cause ces perspectives, puisque la sentence retient la nature de rochers ne se prêtant pas à la vie humaine et de hauts-fonds découvrants à

---

[15] Cf. affaire du différend entre les Philippines et la Chine, Les Philippines c. La Chine, fond, Sentence arbitrale du 12 juillet 2016, para. 626.

propos des formations insulaires des Spratly. Il en résulte que, conformément à l'article 121, paragraphe 3 de la Convention de 1982 sur le droit de la mer, ces formations insulaires n'ont droit qu'à une mer territoriale de 12 milles marins. Enfin, il y a lieu de souligner que la question du plateau continental étendu au-delà de 200 milles marins demeure, puisqu'elle n'était pas liée au statut des îles. En effet, c'est depuis le territoire continental des Etats riverains que ce plateau continental doit être apprécié.

13 Dans la mesure où dans leur majorité les Etats riverains de la mer de Chine sont Parties à la Convention de 1982 sur le droit de la mer, c'est sur le fondement des règles énoncées par cette Convention que les conflits qui apparaissent dans cette zone maritime doivent trouver leurs solutions[16]. Ces conflits ne concernent que des questions relatives au droit de la mer. Dans ces conditions, il convient d'examiner le problème des îles en mer de Chine (premier chapitre), celui des lignes de base (chapitre deuxième), avant d'analyser les prétentions à un plateau continental étendu (chapitre troisième) et les procédures de résolutions des différends (chapitre quatrième). C'est en ces termes que se manifestent les conflits de droit de la mer en mer de Chine.

---

[16] Seul le Cambodge n'est pas encore Partie à cette Convention.

CHAPITRE PREMIER : LE STATUT DES ILES EN MER DE CHINE

14 Les formations insulaires maritimes localisées en mer de Chine suscitent une très grande attention des Etats côtiers en raison des dispositions de la Convention de 1982 sur le droit de la mer. Car, l'article 121 de cette Convention prévoit explicitement que les îles ont le droit de disposer d'une mer territoriale de 12 milles marins ainsi que d'une zone économique exclusive et d'un plateau continental dans les conditions prévues par la Convention elle-même[17]. Cette indication montre, par conséquent, l'importance de caractériser juridiquement les formations maritimes en cause. Dans ces conditions, il y a lieu d'analyser les îles, îlots et rochers en cause (section première) avant d'examiner le statut de la revendication chinoise relative à la « Nine-Dash Line » ou « ligne en neuf segments»[18] (section seconde).

[17] L'article 121 prévoit que « 1. Une île est une étendue naturelle de terre entourée d'eau qui reste découverte à marée haute. 2. Sous réserve du paragraphe 3, la mer territoriale, la zone contiguë, la zone économique exclusive et le plateau continental d'une île sont délimités conformément aux dispositions de la Convention applicables aux autres territoires terrestres. 3. Les rochers qui ne se prêtent pas à l'habitation humaine ou à une vie économique propre n'ont pas de zone économique exclusive ni de plateau continental ».

[18] Si officiellement les autorités chinoises parlent de « Nine-Dash Line », dans la doctrine, il existe une variété d'appellations : « U-Shaped Line », « Dotted-Line », « Cow's Tongue ». Dans le présent texte, cette expression sera traduite en français par « ligne en neuf segments ».

SECTION PREMIERE : LES FORMATIONS INSULAIRES EN MER DE CHINE

15 L'examen des formations insulaires de la mer de Chine se ramène à l'étude du statut de ces formations. Car la question fondamentale qui se pose à propos de ces formations insulaires est relative à leur aptitude à générer des zones maritimes. C'est aussi ce qui explique, en partie, les conflits dont elles sont l'objet parmi les Etats riverains. Il y a de la sorte un problème préalable de définition de ces formations (paragraphe premier). Ensuite la question doit être soulevée quant à la réalité des espaces maritimes que pourraient générer, le cas échéant, de telles formations insulaires, dès lors qu'elles se trouvent généralement « du mauvais côté » de la ligne, c'est-à-dire à proximité immédiate des côtes d'un autre Etat riverain (paragraphe second). Sans doute, la sentence arbitrale rendue dans le différend entre les Philippines et la Chine permet-elle déjà de répondre à cette question, puisqu'elle s'est prononcée sur le statut juridique de ces formations insulaires. Néanmoins, cette sentence ne concerne que les relations entre les Philippines et la Chine. De plus, ladite sentence est contestée par la Chine comme en témoignent sa non-comparution au cours de l'instance arbitrale et les réactions officielles chinoises après le prononcé de la sentence. Il s'ensuit que le différend maritime entre les deux Etats n'est pas encore terminé.

PARAGRAPHE PREMIER : L'APPLICATION DE L'ARTICLE 121 DE LA CONVENTION DE 1982

16 Les Etats riverains de la mer de Chine étant tous, à l'exception du Cambodge[19], liés par la Convention de 1982 sur le droit de la mer,

[19] Cependant, les dispositions de l'article 121, paragraphes 1er et 2 de la Convention de 1982 sur le droit de la mer ont été qualifiées par la Cour internationale de justice comme reflétant le droit international général. A ce titre donc, elles pourraient s'appliquer au Cambodge. Voir CIJ, affaire de la délimitation maritime et des questions territoriales entre Qatar et Bahreïn, Qatar c. Bahreïn, Arrêt du 16 mars 2001, para. 185 et 195. Dans son arrêt de 2012, la Cour a reconnu que l'ensemble des dispositions de l'article 121 de la Convention relevait du droit international général. Cf. CIJ, affaire du différend territorial et

ce sont donc les dispositions de l'article 121 de cette Convention qui vont permettre de définir le statut juridique de ces formations insulaires ainsi que leur aptitude à générer des espaces maritimes. De ce point de vue, l'article 121 opère une distinction entre, d'une part, les îles et, d'autre part, les rochers qui ne se prêtent pas à la vie humaine ou à toute activité économique propre. Les premières ont droit aux zones maritimes, y compris le plateau continental, tandis que les seconds en sont dépourvus[20]. Il en résulte que toute île, quelle que soit sa taille, est à même de générer des espaces maritimes que prévoit la Convention de 1982 sur le droit de la mer. Aussi la Cour internationale de justice soulignait-elle que « conformément au paragraphe 2 de l'article 121 de la convention de 1982 sur le droit de la mer, qui reflète le droit international coutumier, les îles, quelles que soient leurs dimensions, jouissent à cet égard du même statut, et par conséquent engendrent les mêmes droits en mer que les autres territoires possédant la qualité de terre ferme »[21]. Il en résulte que même les îles de petite taille peuvent se voir attribuer de larges étendues de zones maritimes[22]. Dès lors, et, de ce point de vue, il n'y a aucune distinction à faire entre les îles et les territoires continentaux des Etats riverains.

---

maritime, Nicaragua c. Colombie, Arrêt du 19 novembre 2012, para. 139. Dès lors, ces dispositions pourront être appliquées à des Etats non parties à la Convention en tant que normes de droit international coutumier.

[20] Toutefois, et même dans cette situation, cette catégorie d'îles engendre nécessairement le droit à une mer territoriale. Sur le régime des îles en droit international, cf. H. Dipla, Le régime juridique des îles dans le droit international de la mer, Paris, PUF, 1984 ; H. W. Jayewardene, The Regime of Islands in International Law, Dordrecht, M. Nijhoff, 1990 ; J. Charney, Rocks that Cannot Sustain Human Habitation, AJIL, 1999, Pp. 863-878 ; Y.-H. Song, The Application of Article 121 of UNCLOS to the Selected Geographical Features Situated in the Pacific, ChJIL, 2010, p. 663 et s.; D. Anderson, Islands and Rocks in the Modern Law of the Sea, in M. H. Norquist and *a.* (eds), The Law of the Sea : US Accession and Globalisation, Leiden, M. Nijhoff Publisher, 2012, Pp. 307-321 ; C. Schofield, Islands or Rocks – Is That the Real Question ? The Treatment of Islands in the Delimitation of Maritime Boundaries, M. H. Nordquist and *a.*(eds), The Law of the Sea : US Accession and Globalisation, Leiden, M. Nijhoff Publisher, 2012, p. 322- 340.

[21] CIJ, affaire de la délimitation maritime et des questions territoriales entre Qatar et Bahreïn, Qatar c. Bahreïn, Arrêt du 16 mars 2001, RACIJ, 2001, para. 185.

[22] Voir CIJ, affaire du différend territorial et maritime, Nicaragua c. Colombie, Arrêt du 19 novembre 2012, RACIJ, 2012, para. 176.

17 Dans cette perspective, il importe de distinguer les îles des installations artificielles (A) avant de s'appesantir sur la définition des îles (B) et la question des rochers qui se prêtent à la vie humaine (C).

A : LA DISTINCTION ENTRE LES ILES NATURELLES ET LES ILES ARTIFICIELLES

18 La distinction entre les îles naturelles et les îles artificielles procède des dispositions des articles 121, paragraphe 1er, 60 ainsi que 80 de la Convention de 1982 sur le droit de la mer[23]. Il résulte de cette distinction que seules les îles naturelles sont susceptibles de générer, en faveur de l'Etat côtier, des zones maritimes qui soient propres à ses formations insulaires, au contraire des îles artificielles. Le problème en la matière est que, si la définition de l'île naturelle ne soulève aucune difficulté, il n'en va pas de même en ce qui concerne les îles artificielles.

---

[23] L'article 60 de la Convention de 1982 prévoit que « 1. Dans la zone économique exclusive, l'Etat côtier a le droit exclusif de procéder à la construction et d'autoriser et réglementer la construction, l'exploitation et l'utilisation : a) d'îles artificielles ; b) d'installations et d'ouvrages affectés aux fins prévues à l'article 56 ou à d'autres fins économiques ; c) d'installations et d'ouvrages pouvant entraver l'exercice des droits de l'Etat côtier dans la zone … 4. L'Etat côtier peut, si nécessaire, établir autour de ces îles artificielles, installations ou ouvrages des zones de sécurité de dimension raisonnable dans lesquelles il peut prendre les mesures appropriées pour assurer la sécurité de la navigation comme celle des îles artificielles, installations et ouvrages. 5. L'Etat côtier fixe la largeur des zones de sécurité compte tenu des normes internationales applicables. Ces zones de sécurité sont conçues de manière à répondre raisonnablement à la nature et aux fonctions des îles artificielles, installations et ouvrages et elles ne peuvent s'étendre sur une distance de plus de 500 mètres autour des îles artificielles, installations et ouvrages, mesurée à partir de chaque point de leur bord extérieur, sauf dérogation autorisée par les normes internationales généralement acceptées ou recommandées par l'organisation internationale compétente. L'étendue des zones de sécurité est dûment notifiée… 8. Les îles artificielles, installations et ouvrages n'ont pas le statut d'îles. Ils n'ont pas de mer territoriale qui leur soit propre et leur présence n'a pas d'incidence sur la délimitation de la mer territoriale, de la zone économique exclusive ou au plateau continental ».
Article 80 : « L'article 60 s'applique, *mutatis mutandis*, aux îles artificielles, installations et ouvrages situés sur le plateau continental ».

19 En effet, l'île naturelle est conçue comme étant le résultat d'un processus de la nature sans qu'une intervention humaine ne se réalise. Ce sont, par conséquent, exclusivement des phénomènes physiques naturels – géographiques ou géophysiques – qui sont à l'origine des îles naturelles. A l'inverse, l'île artificielle est une construction de l'homme. Cependant, l'intensité de l'intervention humaine n'est pas précisée par la Convention de 1982 sur le droit de la mer. Ainsi, la création *ex nihilo* d'une île ne posera-t-elle aucune difficulté de qualification. Le résultat d'une telle création constituera, en toute hypothèse, une île artificielle relevant, en conséquence, des dispositions de l'article 60 ou, le cas échéant, de l'article 80 de la Convention de 1982 sur le droit de la mer.

20 En revanche, qu'en serait-il dans le cas d'une formation insulaire naturelle immergée, même en période de laisse de basse mer, mais dont les travaux de poldérisation, réalisés à l'aide de la technologie – donc de l'intervention humaine – parviendraient à en faire une formation insulaire totalement émergée en permanence ? Or, une telle formation maritime ne relève pas, *a priori*, de la qualification d'île artificielle. En effet, il s'agit, à la base, d'un phénomène géographique ou géophysique issu d'un processus de formation naturelle qui en faisait une réalité physique naturelle submergée. Par conséquent, dans sa procédure de constitution et dans sa composition initiale, cette structure ne présente aucun élément artificiel, de sorte que sa caractéristique principale est d'être une formation maritime naturelle. De fait, l'intervention humaine ou celle de la technologie n'aura porté que sur le passage d'une formation immergée à une structure maritime émergée en permanence.

21 Mais, précisément, dans un tel cas, le recours à l'intelligence humaine aura pour effet d'entraîner un changement de statut de la formation maritime en cause. Celle-ci est passée d'un banc de sable ou d'un rocher, voire d'un îlot submergé, même à marée basse, à une île découverte et affleurant en permanence. Il s'ensuit que, le statut d'île n'est que le résultat d'un processus artificiel, les travaux de poldérisation. Dans ces conditions, une telle formation est-elle encore susceptible de bénéficier de la qualification d'île au regard de l'article 121, paragraphe 1er de la Convention de 1982 sur le droit de la mer ?

22 Dans son opinion individuelle, à l'occasion du différend ayant opposé le Qatar à Bahreïn, le juge Oda considérait que dans une telle situation la formation insulaire en cause ne relèverait pas des articles 60 et 80 de la Convention de 1982 sur le droit de la mer[24]. Toutefois, le juge Oda soulignait que cette situation entraînerait d'importantes difficultés d'ordre juridique. En réalité, une telle difficulté n'est pas avérée. Car, c'est par l'intervention humaine que de telles formations vont acquérir leur statut d'île. Autrement dit, la formation maritime en cause ne deviendrait une île que consécutivement au processus de création mise en œuvre par l'intelligence humaine. Dans ces conditions, l'insularité de la formation maritime étant exclusivement tributaire de l'intervention humaine, une telle île ne pourrait qu'être qualifiée d'île artificielle relevant, non pas de l'article 121 de la Convention, mais de l'article 60 et, le cas échéant, de l'article 80, de la même Convention. De fait, le recours à la technologie aux fins de la constitution de l'île fait que celle-ci se présente comme étant une création artificielle ; car, naturellement, la formation maritime en cause ne constituait pas une île. Cette dernière caractéristique n'a été obtenue que par l'utilisation de la technologie dans le cadre des travaux de poldérisation. De sorte que, c'est en vue d'obtenir le statut d'île qu'il aura été recouru à la technologie. Ainsi, une telle formation insulaire n'est-elle pas naturellement constituée, au sens de l'article 121 de la Convention de 1982 sur le droit de la mer. Il s'ensuit que cette formation insulaire ne saurait générer des espaces maritimes autre qu'une zone de sécurité dont la largeur ne pourra être supérieure à 500 mètres, conformément à l'article 60, paragraphe 5 de la Convention de 1982 sur le droit de la mer.

23 Il y a lieu de souligner que cette situation est différente de celle dans laquelle l'Etat côtier va s'employer à utiliser la technologie en vue de maintenir le statut insulaire d'une île de constitution naturelle. Le recours à la technologie dans cette situation peut tendre, soit à renforcer les fondations de la formation maritime en cause, soit à la protéger des atteintes qu'elle pourrait subir du fait de la montée des eaux de mer ou de l'érosion des sols. Il apparaît de la sorte que, dans cette perspective, la formation maritime concernée ne perd pas sa qualité d'île, d'îlot ou de rocher, car les activités humaines entreprises sur cette réalité insulaire n'ont jamais eu pour finalité de parvenir à l'édification d'une entité bénéficiant du statut d'une île, puisque, par

[24] Opinion individuelle du juge S. Oda sous CIJ, affaire de la délimitation maritime et des questions territoriales entre Qatar et Bahreïn, Qatar c. Bahreïn, Arrêt du 16 mars 2001, RACIJ, 2001 et para. 9 de l'opinion individuelle.

définition, la formation en cause a déjà le statut d'île lui permettant de générer des espaces maritimes en vertu de l'article 121 de la Convention de 1982 sur le droit de la mer. Autrement dit, dans cette situation, l'insularité ne procède pas des travaux réalisés sur la formation géographique concernée. Elle a été acquise à l'occasion du processus de constitution naturelle de la formation géographique en cause.

24 Une illustration de cette dernière situation est fournie par les Eddystone Rock dans le différend qui a opposé le Royaume-Uni à la France. Sans doute dans cette affaire le Tribunal arbitral avait-il noté qu'il n'avait pas à trancher la question du statut juridique, île ou haut-fond découvrant, des Eddystone Rock[25]. Néanmoins, il apparaît clairement que le Royaume-Uni avait effectué des travaux sur les Eddystone Rock, notamment l'édification de quatre phares. De fait, de tels travaux ont eu pour effet de surélever la formation maritime en cause[26]. Il appert de la sorte que la réalisation de tels travaux n'affecte pas le statut juridique de l'île. Car, fondamentalement, cette île est demeurée une formation naturelle[27]. Tel est encore le cas de la Corée du Sud à propos de Socrota Rock. Il s'agit d'un rocher submergé qui a fait l'objet de travaux de renforcement[28]. Dans la mesure où les travaux réalisés sur ce rocher n'avaient pas pour effet d'en changer le statut juridique, Socrota Rock n'a jamais perdu son statut juridique de rocher. C'est encore de la sorte qu'en mer du Japon, le Japon a effectué des travaux de transformation de l'île de Okinotorishima. De tels travaux ont porté sur deux îlots de 17 et 7 pieds de diamètre, et dont les sommets se trouvaient approximativement à 20 inches au-dessus des hautes eaux[29]. Cependant, de telles transformations n'ont

---

[25] Affaire de la délimitation du plateau continental entre le Royaume-Uni et la France, Sentence arbitrale du 30 juin 1977, RSA, vol. XVIII, para. 139.

[26] Affaire de la délimitation du plateau continental entre le Royaume-Uni et la France, Sentence arbitrale du 30 juin 1977, RSA, vol. XVIII, para. 126-127.

[27] Cf. également N. Papadakis, The International Regime of Artificial Islands, Leiden, Sijhoff, 1977.

[28] Voir Choon-H. Park, The Changeable Legal Status of Islands and Non-Islands in the Law of the Sea : Some Instances in the Asia Pacific Region, in D. Caron and H. N. Scheiber (eds), Bringing New Law to Ocean Waters, Leiden, M. Nijhoff, 2004.

[29] Guifang Xue, How Much Can A Rock Get ? A Reflexion From Okinotorishima Rocks, in Myron H. Nordquist, John Norton Moore, Alfred H. A. Soons and Hak-So Kim (eds), The Law of the Sea : US Accession and Globalisation,

pas eu pour conséquence de modifier le statut juridique de ces formations insulaires. Ainsi dans toutes ces situations la finalité de l'intervention humaine n'est-elle pas de modifier les conditions physiques de la formation maritime concernée en vue d'en faire une île. Il n'y a donc aucune création d'une formation maritime nouvelle.

25 En revanche, toute autre est la situation quand l'Etat côtier procède à la modification d'une formation maritime naturelle existante. En pareille occurrence, les activités humaines conduites sur la formation maritime considérée consistent à transformer celle-ci par l'apport de structures étrangères à la composition naturelle de la formation insulaire. De telles activités humaines sont poursuivies dans le seul but de parvenir à un changement du statut juridique de la formation maritime en cause. En d'autres termes, c'est dans le but d'attribuer ou de faire acquérir à la formation maritime le statut juridique d'île, conformément à l'article 121, paragraphe 1er de la Convention de 1982 sur le droit de la mer, que des travaux de modification sont entrepris. C'est donc une île artificielle qui est obtenue à l'issue de tels travaux.

26 Il est certain que les travaux de poldérisation menés par la Chine sur le récif de Mischief dans les Spratly relèvent de cette catégorie ; de sorte que c'est exclusivement la qualification d'îles artificielles qui doit être retenue à propos de ces îles. En effet, le caractère d'île de ces formations maritimes ne procède pas de leur caractéristique géologique ou géomorphologique, mais uniquement des éléments provenant de l'activité humaine. De fait, c'est en raison de l'intervention humaine, marquée par la pose de structures artificielles, que la formation maritime va se trouver à découverte à marée haute[30].

27 Cependant, dans sa sentence, le Tribunal arbitral n'avait pas qualifié Mischief Reef d'île artificielle, mais plutôt comme étant un haut-fond découvrant. En revanche, il a considéré que les travaux

---

Leiden, M. Nijhoff, 2012, Pp. 341-365 ; A. . Silverstein, Okinotorishima : Artificial Preservation of a Speck of Sovereignty, BrJIL, 2009, Pp. 409-432 ;

[30] Keyuan Zou, How Coastal States Claim Maritime Geographic Features : Legal Clarity or Conundrum, ChJIL, 2012, 759 et s. ; C. R. Symmons, The Maritime Zones of Islands in International Law, The Hague, M. Nijhoff, 1979. Voir également, Clive R. Symmons, Maritime Zones from Islands and Rocks, in Jayakumar S., Koh Tommy and Beckman Robert, The South China Sea Disputes and Law of the Sea, Edward Elgar, 2014, Pp. 55-120.

réalisés par la Chine sur Mischief Reef ne poursuivaient rien d'autre que l'installation d'île artificielle sur ce haut-fond découvrant[31]. A cet égard, le Tribunal arbitral allait souligner que «China's activities at Mischief Reef have since evolved into the creation of an artificial island. China has elevated what was originally a reef platform that emerged at high tide into an island that is permanently exposed. Such an island is undoubtedly artificial for the purposes of Article 60"[32]. Il est donc certain que ce sont les travaux accomplis par la Chine sur une formation géographique naturelle, avec la volonté de transformer le statut de celle-ci, qui ont conduit le Tribunal arbitral à la qualification d'île artificielle.

28 Toutefois, il convient de souligner que l'imbrication des îles, îlots et rochers ou récifs dans les Spratly est telle que le recours à la création des îles artificielles pourrait aussi trouver sa justification dans la volonté d'effectuer des actes de souveraineté sur des formations qui sont soumises à des revendications de souveraineté plutôt que dans des préoccupations tenant à l'extension de zones maritimes[33] [34]. Car la localisation de certains îlots les uns par rapport aux autres et les revendications de souverainetés qui s'y expriment font que, même dans le cas où le statut d'île serait admis, de telles formations géographiques ne pourraient se voir reconnaître de zones maritimes dans leurs étendues normales[35]. Cependant, dans le cas où les préoccupations des Etats côtiers intéressés se rapporteraient à des volontés d'expansion maritime, les différends qui surgiraient à cette occasion s'articuleraient autour de la question de la définition des formations insulaires concernées. Au demeurant, telle était exactement la position des Philippines. En effet, cet Etat avait saisi le Tribunal arbitral afin que ce dernier se détermine relativement au statut des îles,

---

[31] Affaire du différend entre les Philippines et la Chine, les Philippines c. la Chine, fond, Sentence arbitrale du 12 juillet 2016, para. 1031-1038.

[32] Affaire du différend entre les Philippines et la Chine, les Philippines c. la Chine, fond, Sentence arbitrale en date du 12 juillet 2016, para. 1037.

[33] CIJ, affaire relative à la souveraineté sur Pedra Branca/Palau Batu Puteh, Middle Rocks et South Ledge, Malaisie/Singapour, Arrêt du 23 mai 2008, RACIJ, 2008, para. 234 et 239.

[34] Toutefois, dès lors que de tels travaux auraient été effectués après la date critique, il paraît peut pertinent qu'ils puissent jouer un rôle pour conforter un titre territorial défaillant.

[35] Dans les Spratly, la Chine occupe 14 îlots, les Philippines 7, le Viet Nam 22, la Malaisie 5, Brunei 2 et Taïwan 1.

îlots et rochers à propos desquels il était en opposition avec la Chine[36]. Dans ces conditions, entre autres questions importantes qui se posaient au Tribunal arbitral, il y avait celle concernant la distinction entre les îles artificielles et les îles naturelles et, spécialement, la définition de ce qu'il y aura lieu de tenir comme étant une île, compte tenu des travaux accomplis par la Chine pour transformer ces formations géographiques.

B : LA DEFINITION D'UNE ILE

29 Dès lors que l'article 121 de la Convention de 1982 sur le droit de la mer retient, d'une part, que les îles disposent de zones maritimes prévues par le droit international de la mer et, d'autre part, que les rochers qui ne se prêtent pas à la vie humaine et à toute activité économique ne peuvent se voir attribuer des espaces maritimes, à l'exception de la mer territoriale, toute la discussion qui va avoir lieu consistera, à cet égard, à déterminer les formations géographiques qui ressortissent à l'une ou l'autre catégorie. Eu égard au nombre particulièrement élevé de ces formations géographiques en mer de Chine, la réponse à cette question apparaît très importante. Elle l'est d'autant plus pour la Chine qu'une réponse négative aurait pour conséquence de la priver de toute présence en mer de Chine. En effet, la seule présence insulaire chinoise non contestée en mer de Chine est représentée par l'île Hainan dans le golfe de Tonkin au large des côtes de la Chine. Il s'ensuit que cette seule île n'assure à la Chine aucune présence en mer de Chine méridionale, car l'île Hainan ne génère aucun espace maritime différent des espaces maritimes résultant des côtes continentales chinoises : les projections maritimes de l'île Hainan sont absorbées par les projections maritimes du territoire continental chinois[37]. Et, faute de posséder des formations insulaires

[36] Voir affaire du différend entre les Philippines et la Chine, Philippines c. Chine, Compétence et recevabilité, Sentence arbitrale du 29 octobre 2015, para. 26, para. 99 et para. 101. Il faut admettre également que cette formulation était la seule valable pour que le Tribunal arbitral ne décline pas sa compétence en raison de l'article 297 de la Convention et de la déclaration de la Chine conformément à l'article 298 de la Convention de 1982 sur le droit de la mer.

[37] Au demeurant, pour la détermination de la largeur de ses espaces maritimes, la Chine a eu recours aux lignes de base droites et celles-ci englobent l'île Hainan.

en mer de Chine orientale, la Chine ne peut prétendre à aucun espace maritime. Dès lors, il devient crucial pour la Chine de revendiquer sa souveraineté sur les formations maritimes de la mer de Chine, de façon à bénéficier, dans cette zone maritime, des juridictions maritimes générées par les îles qui font l'objet de ses prétentions de souveraineté et de poursuivre l'exploration et l'exploitation des ressources desdites zones maritimes[38]. Il apparaît ainsi que la notion d'île devient déterminante.

30 A cet égard, la première indication est caractérisée par l'affleurement à marée haute de la formation géographique en cause. Sans doute la condition relative à l'affleurement a-t-elle été retenue par l'article 121, paragraphe 1er de la Convention de 1982 sur le droit de la mer. Mais elle figurait déjà dans l'article 10, paragraphe 1er de la Convention de Genève de 1958 sur la mer territoriale et la zone contiguë. Au demeurant, la rédaction même de l'article 121, paragraphe 1er ne constitue que la reprise du libellé de 1958. Ainsi, dans ces deux Conventions, les îles sont-elles des formations maritimes qui restent à découverte à marée haute.

31 Cette condition permet déjà de distinguer les îles, îlots et rochers des hauts-fonds découvrants. Ceux-ci, en effet, constituent des formations géographiques qui n'affleurent pas à marée haute, mais uniquement à marée basse[39]. Dès lors, la seule question, en la matière, sera celle de la preuve de l'affleurement ou non à marée haute. Dans la mesure où il serait établi, cet affleurement à marée haute de la formation maritime aurait pour conséquence de retenir l'une des conditions essentielles à la définition des îles en droit international[40].

Ce qui prouve que la Chine est consciente que l'île Hainan ne génère aucune projection maritime autonome. Cependant, ces lignes de base droites ont été tirées en y incluant les îles Paracel. Cf. J. A. Roach and R. W. Smith, Excessive Maritime Claims, Leiden, M. Nijhoff, 2012, p. 98, note 103 ; voir également, Limits in the Seas, n° 117.

[38] Il convient, en outre, de souligner que de telles prétentions assurent à la Chine, en tant que puissance militaire, la présence et la surveillance de la mer de Chine par sa marine militaire.

[39] L'article 13 de la Convention de 1982 sur le droit de la mer prévoit, à cet égard, que « 1. Par hauts-fonds découvrants, on entend les élévations naturelles de terrain qui sont entourées par la mer, découvertes à marée basse et recouvertes à marée haute … ».

[40] Voir CIJ, affaire de la délimitation maritime et des questions territoriales entre Qatar et Bahreïn, Qatar c. Bahreïn, Arrêt du 16 mars 2001, RACIJ, 2001, para.

Il apparaît de la sorte que toute la difficulté va consister, en mer de Chine, à prouver l'existence de l'affleurement à marée haute des formations géographiques qui s'y trouvent afin de faire bénéficier celles-ci de la qualification d'île et de prétendre en conséquence aux droits générés par les îles en droit international de la mer. Dans ces conditions, la question de l'instrument de mesure des marées devient importante. Il est vrai que la Cour internationale de justice semble ne pas accorder d'importance au modèle de marée utilisé[41]. Mais, puisqu'il appartient à celui qui s'en prévaut, de démontrer la réalité de l'affleurement à marée haute, le recours à un modèle de calcul de marée pertinent est crucial pour l'Etat côtier. En tous les cas, des formations maritimes tels que Macclesfield Bank ou Louisa Reef, McKeenan Reef, Gaven Reef ou Subi Reef dans les Spartly apparaissent comme des formations géographiques qui n'affleurent pas à marée haute. Il s'agit, par conséquent, de hauts-fonds découvrants et non pas d'îles, conformément à l'article 121 de la Convention de 1982 sur le droit de la mer

32 Cependant, dans sa sentence arbitrale, le Tribunal arbitral constitué dans le différend entre les Philippines et la Chine allait se prononcer dans un autre sens. Il allait retenir que McKeenan Reef, North Gaven Reef constituaient des formations insulaires qui affleurent à marée haute. A l'inverse, Subi Reef et les autres formations géographiques des Spratly étaient des hauts-fonds découvrants[42]. Toutefois, si les premiers ont été reconnus comme des formations affleurant à marée haute, elles seront, par la suite, considérées par le Tribunal arbitral comme étant des rochers qui ne se prêtent pas à une vie humaine ou à une activité économique propre, au

---

195. Cf, en outre, CIJ, affaire du différend territorial et maritime, Nicaragua c. Colombie, Arrêt du 19 novembre 2012, RACIJ 2012, para. 36-38. Il y a lieu de noter que dans ces affaires, la CIJ a retenu la qualification d'île pour des formations maritimes qui affleuraient à marée haute à, seulement, 0,4 mètre et 0,7 mètre respectivement.

41 En effet, dans le différend entre le Nicaragua et la Colombie, la Cour a indiqué que « Quel que soit le modèle de marée utilisé, il est clair que la formation QS 32 reste découverte à marée haute », CIJ, affaire du différend territorial et maritime, Nicaragua c. Colombie, Arrêt du 19 novembre 2012, RACIJ, 2012, para. 37.

42 Affaire du différend entre les Philippines et la Chine, les Philippines c. la Chine, fond, Sentence arbitrale du 12 juillet 2016, para. 333-384.

sens de l'article 121, paragraphe 3 de la Convention de 1982 sur le droit de la mer[43].

33 Mais, à la condition relative à l'affleurement à marée haute, la qualification d'île est également tributaire de l'existence d'une formation maritime naturelle. A cet égard, les Conventions de Genève de 1958 et de Montego Bay de 1982 se réfèrent aux notions de « étendue naturelle de terre ». Dans cette perspective, une île est constituée par des éléments naturels de terre. Si cette définition exclut toute intervention humaine dans la constitution d'une île – il en résulterait la qualification d'île artificielle – la question qui est soulevée est celle des notions de terre et de naturelle.

34 Cette difficulté était apparue dans le différend entre le Nicaragua et la Colombie à propos de QS 32. Selon le Nicaragua, cette formation maritime n'était qu'un « débris corallien – autrement dit une partie du squelette d'un animal mort – et non une étendue naturelle de terre »[44]. Or, la Cour allait y répondre de manière claire. Selon la Cour, « le droit international définit une île comme une étendue naturelle qui reste découverte à marée haute, et ce, indépendamment de tout critère géologique. Les éléments de preuve photographiques montrent que QS 32 est composée de matières solides, fixées au substrat, et non de débris épars. Le fait que la formation soit composée de coraux n'a pas d'importance »[45].

35 La position adoptée par la Cour internationale de justice revient donc à considérer que, ce qui importe dans la définition d'une île, est, d'une part, sa consistance, laquelle est marquée par des éléments naturels et, d'autre part, le fait que la formation en cause doit être attachée à une base et comporter des éléments solides qui en marquent la stabilité. Dans ce cadre, les éléments géologiques se révèlent être

---

[43] Affaire du différend entre les Philippines et la Chine, les Philippines c. la Chine, fond, Sentence arbitrale du 12 juillet 2016, para. 566-626.

[44] CIJ, affaire du différend territorial et maritime, Nicaragua c. Colombie, Arrêt du 19 novembre 2012, para. 32. Pour la Colombie, il n'a jamais été refusé la qualification d'île à une formation maritime en ce qu'elle serait composée de corail. Car « les îles coralliennes sont des formations naturelles qui génèrent une mer territoriale au même titre que les autres îles … QS 32 n'est pas qu'un débris de coraux mais fait … partie d'un récif corallien beaucoup plus vaste, solidement fixé au substrat », *Ibid.* para. 32.

[45] CIJ, affaire du différend territorial et maritime, Nicaragua c. Colombie, Arrêt du 19 novembre 2012, RACIJ, 2012, para. 37.

d'aucune utilité. En d'autres termes, dès lors que la formation maritime considérée se présente comme étant composée d'éléments naturels fixement ancrés, elle ressortit à la catégorie des îles, si elle affleure à marée haute. De fait, cette position conduit à souligner que la notion de terre dans la définition d'île ne fait que renvoyer à l'exigence suivant laquelle les éléments de composition d'une île doivent avoir une origine terrestre, sans pour autant qu'il s'agisse de la terre au sens purement géologique. C'est pourquoi, dans l'affaire ayant opposé le Qatar à Bahreïn, il a été admis la qualité d'île à une formation maritime constituée par le phénomène naturel de la sédimentation[46].

36 Aussi le point fondamental apparaît-il être constitué par l'existence d'un solide rattachement des éléments naturels composant la formation maritime en cause. Il s'ensuit que, en mer de Chine, où de nombreuses formations maritimes sont d'origine corallienne, le problème de la solidité de leur rattachement déterminera, en définitive, la qualification ou non en tant qu'île de ces formations.

37 En réalité, l'examen de ce point fondamental ne se posera que pour une très infime minorité des formations maritimes de la mer de Chine, notamment dans les Spratly. Car, dans leur grande majorité, ces formations maritimes sont, soit immergées à marée haute, soit qu'elles constituent des îles artificielles. De plus, beaucoup de ces formations sont constituées d'atolls ou de récifs très peu profonds. En tous les cas, ces formations maritimes sont principalement des formations submergées. C'est en ce sens qu'il peut être relevé que le récif de Mischief constitue une formation maritime submergée à marée haute. Une description exhaustive des formations maritimes des Spratly a permis de constater qu'il n'y avait que très peu d'îles dans les Spratly[47].

---

46 CIJ, affaire du différend maritime et des questions territoriales entre Qatar et Bahreïn, Qatar c. Bahreïn, Arrêt du 16 mars 2001, RACIJ, 2001, para. 192 et para. 195. Dans le cas d'espèce, il s'agissait de l'île de Qit' at Jaradah.

47 D. Hancox and V. Prescott, A Geographical Description of the Spratly Islands and an Account of Hydrographic Surveys Amongst Those Islands, IBRU, Maritime Briefing, 1995, 1(6) ont répertorié comme îles : Discovery Great, Pingeon Reef, Fiery Cross Reef, Spratly Island, Amboyna Cay, Merivales Reef, Erica Reef, Itu Aba, Swallow Reef. North Danger Reef, Thitu Island, Laoita Bank, West York Island, Tizard Bank, Commodore Reef, Royal Charlotte Reef, Southampton Reef.

38 Le faible nombre de formations insulaires en mer de Chine, fait que les Etats côtiers vont s'acharner à démontrer que les formations maritimes qui y sont présentes constituent des rochers qui se prêtent à l'habitation humaine ou à la vie économique, en vertu de l'article 121, paragraphe 3 de la Convention de 1982 sur le droit de la mer. En effet, c'est seulement à cette condition que de telles formations sont susceptibles de générer des espaces maritimes autres qu'une mer territoriale de 12 milles marins.

C : LA QUESTION DES ROCHERS QUI SE PRETENT A LA VIE HUMAINE

39 Lorsque la formation maritime considérée constitue une île au sens de l'article 121, paragraphe 1er de la Convention de 1982 sur le droit de la mer, l'Etat côtier est fondé à développer des prétentions couvrant tous les espaces maritimes à partir de cette île. De telles prétentions ne sont toutefois possibles que si le territoire continental de l'Etat côtier ne génère pas des droits maritimes qui vont englober ceux découlant des îles[48]. Cette analyse conduit la Cour à ne pas examiner les dispositions de l'article 121, paragraphe 2 et 3. Confrontée à la situation identique dans le différend entre le Nicaragua et la Colombie, la Cour devait préciser que quand les droits générés par des îles de petites tailles sont couverts par ceux générés par des îles beaucoup plus grandes, il n'y avait pas matière à déterminer la nature exacte de ces îles de petites tailles[49]. Cette indication trouvera nécessairement son application en mer de Chine en raison de l'imbrication des formations maritimes de cette région. Car les droits générés par les îles de petite taille sont susceptibles d'être couverts par ceux procédant des projections issues des grandes îles.

40 Toujours est-il que lorsque sont concernées des formations maritimes qui ne peuvent pas, par elles-mêmes, générer des zones maritimes en vertu de l'article 121, paragraphe 2 de la Convention de

[48] CIJ, affaire de la délimitation maritime en mer Noire, Roumanie c. Ukraine, Arrêt du 3 février 2009, RACIJ, 2009, para. 187.

[49] CIJ, affaire du différend territorial et maritime, Nicaragua c. Colombie, Arrêt du 19 novembre 2012, RACIJ, 2012, para. 180.

1982 sur le droit de la mer, la question va se poser de savoir si les dispositions de l'article 121, paragraphe 3 sont susceptibles de recevoir application. Or une telle question renvoie à la détermination de la distinction entre les îles de l'article 121, paragraphe 1er et les rochers visés à l'article 121, paragraphe 3 de la Convention de 1982 sur le droit de la mer. En d'autres termes, il s'agit de savoir ce que sont les rochers au sens de l'article 121, paragraphe 3 de la Convention.

41 De fait, lorsqu'une formation maritime sera qualifiée d'île, elle relèvera de l'article 121, paragraphe 1er de la Convention et, en vertu du paragraphe 2 de cette même disposition, la formation insulaire considérée pourra générer des espaces maritimes. A cet effet, la Cour internationale de justice devait indiquer que, quelle que soit sa taille, une formation géographique qualifiée d'île était à même de générer des espaces maritimes propres à cette île, indépendamment des espaces maritimes que peut générer le territoire continental de l'Etat côtier[50]. A l'inverse, une formation géographique marine qualifiée de rocher ne saurait générer des espaces maritimes autres qu'une mer territoriale de 12 milles marins, lorsqu'elle n'est pas susceptible d'être habitée par des populations humaines ou d'être le siège de toute activité économique[51].

42 En tous les cas, dans la perspective de l'article 121, paragraphes 2 et 3 de la Convention de 1982 sur le droit de la mer, les formations géographiques intéressées ne sont pas des hauts-fonds découvrants. Ceux-ci relèvent exclusivement de l'article 13 de la Convention de 1982 sur le droit de la mer. Dans ces conditions, va se poser la

---

[50] La Cour notait en effet que « les îles, quelles que soient leur dimension, jouissent à cet égard du même statut, et par conséquent engendrent les mêmes droits en mer que les autres territoires possédant la qualité de terre ferme », cf. CIJ, affaire de la délimitation maritime et des questions territoriales entre Qatar et Bahreïn, Qatar c. Bahreïn, Arrêt du 16 mars 2001, RACIJ, 2001, para. 185. Voir également, CIJ, affaire du différend territorial et maritime, Nicaragua c. Colombie, Arrêt du 19 novembre 2012, RACIJ 2012, para. 139.

[51] La Cour internationale de justice soulignait, à cet égard, que « Puisque aucune des Parties n'a soutenu que QS 32 est autre chose qu'un rocher ne se prêtant pas à l'habitation humaine ou à une activité économique propre, au sens du paragraphe 3 de l'article 121 de la CNUDM, cette formation ne génère aucun droit à un plateau continental ou à une zone économique exclusive », Voir CIJ, affaire du différend territorial et maritime, Nicaragua c. Colombie, Arrêt du 19 novembre 2012, RACIJ, 2012, para. 183.

question de la distinction entre les îles et les rochers. Car, *a contrario*, l'article 121, paragraphe 3 de la Convention de 1982 sur le droit de la mer implique nécessairement que les rochers qui peuvent accueillir la vie humaine ou des activités économiques sont aptes à générer des espaces maritimes propres à ces entités maritimes.

43 En réalité, la notion de rocher semble renvoyer à des formations maritimes de petite taille et isolées[52] ; mais il peut se trouver des îles qui correspondent également à cette indication. De fait, parmi les îles répondant à la définition de l'article 121, paragraphe 1 de la Convention de 1982 sur le droit de la mer, il y a aussi bien de grandes que de petites formations géographiques maritimes. Il apparaît de la sorte que le principe de l'égalité entre île et rocher institué à l'article 121, paragraphe 2 de la Convention de 1982 sur le droit de la mer est pertinent. En effet, dès lors qu'un rocher constitue une formation géographique affleurant à marée haute, il n'y a rien qui puisse justifier une différence avec le traitement dont bénéficient les îles dans la Convention. Pour le dire autrement, toute différence entre les îles et les rochers ne pourrait procéder que de l'opposition entre les deux formations géographiques.

44 Précisément, sur les îles, il est toujours possible d'y entreprendre la vie humaine ou toute activité économique. Car sur de telles formations géographiques maritimes, il existe un environnement qui favorise le développement de toute vie humaine ou de toute activité économique sur place. C'est pourquoi la question des conditions de vie ou celle relative aux activités économiques n'a pas à s'appliquer en ce qui concerne les îles. A cet égard, à propos des rochers, il ne s'agit pas de trouver sur place des éléments qui permettent cette vie, mais seulement de mener, dans les conditions de la vie moderne, une forme de vie humaine sur le rocher. A cet effet, l'exigence d'y trouver, par exemple, de l'eau fraîche ou de la nourriture ne paraît pas pertinente, puisque ces éléments peuvent être transportés sur la formation insulaire en cause. C'est donc la seule possibilité de mener une vie – d'aller et de venir – de pouvoir s'abriter

[52] En ce sens, cf. D. Anderson, Islands and Rocks in the Modern Law of the Sea, in M. H. Nordquist, J. N. Moore, A. H. A. Soons and H. S. Kim (eds), The Law of the Sea Convention : US Accession and Globalization, 2012, Leiden, M. Nijhoff Publishers, Pp. 312-313 ; J. R. V. Prescott and C. Schofield, Maritime Political Boundaries of the World, 2005, Leiden, M. Nijhoff, p. 89.

qui pourrait permettre d'aboutir à une qualification d'île à propos des rochers. Au demeurant, la faculté d'aller et de venir sur place constitue une indication quant à l'éventualité d'une activité économique sur le rocher considéré. Aussi, ce ne sera que dans les situations où la possibilité d'aller et de venir et celle de s'abriter seront impossibles sur la formation géographique en cause que celle-ci sera qualifiée de rocher.

45 Cette indication montre, par conséquent, que les rochers ne sont rien d'autres que des formations maritimes dont les sommets affleurant à marée haute y rendant impossible toute vie. En effet, c'est en raison de sa petite taille ou de la forme de son sommet que la vie ou l'activité économique n'est pas possible sur le rocher. Cela ne veut pas dire que c'est la petite taille du rocher qui rend impossible cette vie ou cette activité économique, puisqu'il existe également des îles de petite taille. En définitive, c'est la forme du sommet du rocher – due à des raisons géophysiques, par exemple – qui ne permet pas le développement de toute vie ou de toutes activités économiques sur le rocher en cause.

46 Mais, cette analyse n'a pas été celle adoptée par le Tribunal arbitral dans le différend entre les Philippines et la Chine. Le Tribunal arbitral devait retenir que la notion de « se prêter » (to sustain) à une vie humaine ou à une activité économique dans l'article 121, paragraphe 3 de la Convention «in connection with sustaining human habitation, to sustain means to provide that which is necessary to keep humans alive and healthy over a continuous period of time, according to a proper standard. In connection with an economic life, to sustain means that which is necessary not just to commence, but also to continue, an activity over a period of time in a way that remains viable on an ongoing basis"[53].

---

[53] Affaire du différend entre les Philippines et la Chine, les Philippines c. la Chine, fond, Sentence arbitrale du 12 juillet 2016, para. 487. S'agissant de la notion d'habitation, le Tribunal notait que « the term habitation implies a non-transient presence of persons who have chosen to stay and reside in the feature in a settled manner. Human habitation would thus require all of the element necessary to keep people alive on the feature, but would also require conditions sufficiently conducive to human live and livelihood for people to inhabit, rather than merely survive on, the feature", Ibid. para. 489.

En ce qui concerne la notion de "vie économique propre", le Tribunal relevait que cette notion « is relating to the development and regulation of the material

47 Il apparaît ainsi que les îles et les rochers correspondent à des réalités physiques distinctes, encore qu'ils puissent, sur le fondement de l'article 121, paragraphe 2 de la Convention de 1982 sur le droit de la mer, emporter les mêmes effets quant aux prétentions portant sur des espaces maritimes qui leur soient propres. De ce point de vue, ces prétentions trouvent leurs limites dans les dispositions de l'article 121, paragraphe 3 de la même Convention ; ce que la Cour internationale de justice avait exactement souligné[54]. Dès lors, l'article 121, paragraphe 3 constitue une exception au paragraphe 2 de l'article 121 de la Convention de 1982 sur le droit de la mer.

48 De plus, la distinction entre île et rocher ne paraît pas toujours aussi étanche. Car la pratique des Etats montre que parfois des formations géographiques qualifiées par l'Etat côtier d'îles ont été, par la suite, requalifiées en tant que rochers. Tel est le cas du Royaume-Uni avec Rockall[55] dont le nouveau statut en tant que rocher relevant de l'article 121, paragraphe 3 de la Convention avait conduit à la redéfinition des zones de pêche britanniques. De la même façon, le Mexique a entendu ne pas revendiquer des droits à des espaces maritimes attachés à un groupe de petites îles, Roca Alijos[56]. En dépit

---

resources of a community and may relate to process or system by which goods and services are produced, sold and bought, or exchanged. The term life suggests that the mere presence of resources will be insufficient and that some level of local human activity to exploit, develop, and distribute those resources would be required ... The of their own component is essential to the interpretation because it makes clear that a feature itself (or group of related features) must have the ability to support an independent economic life, without relying predominantly on the infusion of outside resources or serving purely as an object for extractives activities, without the involvement of local population", Ibid. para. 499-500.

[54] La Cour indiquait, en effet, que « les droits générés par une île au titre du paragraphe 2 sont expressément limités par le renvoi aux dispositions du paragraphe 3 », cf. CIJ, affaire du différend territorial et maritime, Nicaragua c. Colombie, Arrêt du 19 novembre 2012, RACIJ, 2012, para. 139. Il est vrai que cette indication de la Cour avait été faite pour souligner le caractère coutumier de toutes les dispositions de l'article 121 de la Convention de 1982 sur le droit de la mer.

[55] C. R. Symmons, Ireland and the Rockall Dispute : An Analysis of Recent Developments, Boundaries and Security Bulletin, 1998, Pp. 78-93 ; D. Anderson, British Accession to the UN Convention on the Law of the Sea, ICLQ, 1997, p. 778.

[56] C. Schofield, Islands or Rocks – Is That the Real Question? The Treatment of Islands in the Delimitation or Maritime Boundaries, op. cit., p. 329.

de ces difficultés, il a pu être suggéré que six rochers correspondaient à la définition faite par l'article 121, paragraphe 3[57].

49 Confrontées à la réalité de la mer de Chine, les dispositions de l'article 121 de la Convention montrent que cette mer comporte beaucoup plus de rochers relevant du paragraphe 3 de cette disposition que d'îles ressortissant au paragraphe 2 du même article de la Convention de 1982 sur le droit de la mer. Ce qui, au demeurant, explique l'usage effréné de la technologie en vue de transformer ces formations géographiques en des îles. Il est vrai que les Pratas – ou Dongsha – occupés par Taïwan et revendiqués par la Chine, constituent de véritables îles[58], de la même façon que le sont les Paracels, actuellement sous occupation chinoise, mais revendiquées par le Viet Nam. Néanmoins, dans les Spratly, la majeure partie des formations géographiques qui s'y trouvent sont essentiellement des rochers ou des hauts-fonds découvrants. S'il est certain que même des formations maritimes comme Itu Aba, sous souveraineté de Taïwan, Thitu Island et Spratly Island, occupées par la Chine, ne constituent pas à l'évidence des îles au sens de l'article 121, paragraphe 1er de la Convention de 1982 sur le droit de la mer, il n'en va pas autrement des formations telles que Scarborough Shoal, Johnson South Reef, Fiery Cross Reef ou Cuarteron Reef. Ces formations maritimes, qui sont toutes occupées par la Chine, correspondent à la définition des rochers et, par conséquent, elles relèvent de l'article 121, paragraphe 3 de la Convention de 1982 sur le droit de la mer. En tous les cas, le Tribunal arbitral, saisi par les Philippines dans le différend qui l'oppose à la Chine, s'est prononcé sur le statut de ces formations maritimes en les considérant, soit comme des hauts-fonds découvrants, soit, au contraire, comme étant des rochers qui ne se prêtent pas à la vie humaine[59].

---

[57] J. R. V. Prescott and C. Schofield, Maritime Political Boundaries of the World, op. cit. p. 89.

[58] Il s'agit d'un archipel de 240 hectares.

[59] La demande présentée par les Philippines concernait expressément le statut de ces formations géographiques. Pour cet Etat, ces formations géographiques constituent, soit des formations immergées, soit des rochers qui relèvent de l'article 121, paragraphe 3 de la Convention de 1982 sur le droit de la mer. Cf. affaire du différend entre les Philippines et la Chine, compétence et recevabilité, Sentence arbitrale du 29 octobre 2015, para. 99 et Sentence arbitrale du 12 juillet 2016, para. 333-384 et para. 385-626.

50 Il convient, en effet, de voir que ces formations géographiques, lorsqu'elles affleurent à marée haute, ne présentent qu'une très faible superficie, de sorte qu'il s'agit très souvent de la protubérance émergée d'une réalité physique submergée. Ainsi s'explique l'impossibilité pour ces formations d'y développer toute habitation humaine ou toute activité économique. Cette indication permet, en outre, de comprendre les travaux qui sont entrepris sur ces formations par certains Etats côtiers ; de telle façon qu'il en résultera des îles artificielles en vertu de l'article 60 de la Convention de 1982 sur le droit de la mer. Aussi la question des espaces maritimes générés par ces formations maritimes va-t-elle se poser.

PARAGRAPHE SECOND : LES ESPACES MARITIMES GENERES PAR LES ILES

51 Il est certain que tant les îles que les rochers relevant de l'article 121, paragraphe 3 de la Convention de 1982 sur le droit de la mer ont le droit de générer des espaces maritimes qui leurs sont propres. La seule différence réside dans le fait que les premières possèdent l'aptitude à générer tous les espaces maritimes, alors que les seconds ne se voient attribuer que le droit à une mer territoriale de 12 milles marins.

52 Cependant, cette vocation des formations maritimes va s'exercer dans des conditions différentes en mer de Chine. En effet, compte tenu de l'imbrication et de la proximité de ces formations maritimes, il pourra se trouver que l'attribution des espaces maritimes à ces formations va se traduire, soit par la constitution des enclaves, soit, par l'impossibilité de leur reconnaître la largeur maximum des zones maritimes considérées. Sans doute, cette indication concerne-t-elle également les îles Pratas et les îles Paracels. Car, quoique ces formations maritimes se trouvent suffisamment éloignées des territoires continentaux des Etats côtiers intéressés, elles sont néanmoins une source de difficultés pour ces Etats côtiers. En effet, ces formations entraînent, tout comme dans les Spratly, des chevauchements des projections en mer des Etats intéressés. Dès lors, ces formations géographiques ne pourraient bénéficier, dans toutes leurs largeurs, des zones maritimes qu'elles généreraient.

53 Toutefois, il y a lieu d'observer que, s'agissant des Pratas, aussi bien Taïwan que la Chine n'ont pas présenté de revendications portant sur des espaces maritimes autres qu'une mer territoriale de 12 milles marins. Cette position pourrait trouver son explication dans la volonté de ne pas constituer d'obstacles à la navigation dans le détroit de Luzon ou dans le détroit de Taïwan. A cet égard, une telle attitude serait de nature à rappeler celle qui existe dans le détroit de Corée – ou détroit Tsushima – laquelle a conduit la Corée du Sud et le Japon à maintenir une mer territoriale de 3 milles marins dans les parties occidentale et orientale de ce détroit. Mais de tels obstacles ne peuvent concerner que la mer territoriale, en ce que s'y exerce, précisément, le droit de passage innocent. La zone économique exclusive constitue, en revanche, un espace soumis à la liberté de navigation. Dans ces conditions, l'attitude adoptée par Taïwan et la Chine en ce qui concerne les îles Pratas ne peut avoir que d'autres motivations.

54 En réalité, pour Taïwan, les Pratas présentent l'inconvénient de se trouver dans la zone de projection des zones maritimes générées à partir du territoire continental de cet Etat. En effet, à partir des lignes de base définies par Taïwan sur son territoire continental, la zone économique exclusive et le plateau continental taïwanais vont se trouver dans la zone de projection des zones maritimes que pourraient générer les îles Pratas. Cette situation pourrait constituer une justification de l'absence, de la part de Taïwan, de toute prétention à des zones maritimes autres qu'une mer territoriale de 12 milles marins autour des Pratas. En définitive, cette situation devient identique à celle de l'île des serpents dans le différend entre la Roumanie et l'Ukraine. Car, en raison de la position géographique de cette île, la Cour devait considérer que « tout droit ... généré par l'île des Serpents en direction de l'est est intégralement couvert par ceux générés par les côtes continentales occidentale et orientale de l'Ukraine »[60].

55 C'est une situation identique qui se présente pour la Chine. Car, en raison de leur position devant la côte continentale chinoise, les Pratas vont générer des droits à des espaces maritimes qui se trouvent

[60] CIJ, affaire relative à la délimitation maritime en mer Noire, Roumanie c. Ukraine, Arrêt du 3 février 2009, RACIJ, 2009, para. 187.

déjà compris dans les droits déjà induits par les projetions résultant du littoral continental de la Chine. Dans ces conditions, il devient inutile, pour la Chine, de présenter des revendications maritimes attachées aux îles Pratas. Au demeurant, il y a lieu de souligner que, pour la Chine, les îles Pratas sont englobées dans la ligne en neuf segments définie en mer de Chine méridionale. Ainsi n'est-il plus indispensable pour la Chine d'émettre de revendications relatives aux zones maritimes concernant les îles Pratas.

56 Pourtant, une difficulté supplémentaire apparaît à propos des îles Pratas. En effet, lorsque la question de la souveraineté de l'île sera tranchée, il restera que, par sa position géographique, cette formation insulaire empêchera le déploiement des projections maritimes de l'autre Etat riverain qui n'y exercera pas de souveraineté. En effet, dans la zone pertinente[61], celle où les prétentions de Taïwan et de la Chine vont se chevaucher dans les Pratas, les relations des deux Etats ne sont plus dans un rapport où leurs côtes sont en opposition. Il s'agit plutôt d'un rapport d'adjacence. Or, les îles Pratas vont bloquer les projections de l'autre Etat côtier. Dès lors, la solution à cette situation ne peut se trouver que dans la circonstance consistant à n'attribuer aux îles Pratas qu'une zone de mer territoriale de 12 milles marins, à l'exclusion de toute zone économique exclusive et de toute zone de plateau continental[62].

57 La situation pourrait sembler différente en ce qui concerne les îles Paracels. Car, en l'occurrence, la Chine et le Viet Nam soutiennent et émettent des prétentions maritimes à propos des îles Paracels. Il est certain que la Chine n'a pas présenté de prétentions maritimes explicitement. Cependant, les lignes de base droites définies par la Chine autour des îles Paracels en date du 15 Mai 1996 constituent le signe explicite de la volonté chinoise de doter les îles Paracels de zones maritimes[63]. Car c'est à partir de ces lignes de base droites que

---

[61] Au sens du droit de la délimitation maritime, la zone de chevauchement des projections maritimes des Etats concernés.

[62] Voir, pour une solution similaire, TIDM, affaire relative à la délimitation de la frontière maritime entre Bangladesh et Myanmar dans le golfe de Bengale, Bangladesh/Myanmar, Arrêt du 14 mars 2012, para. 317-319.

[63] Cf. Y.-H. Song, The Application of Article 121 of UNCLOS to the Selected Geographical Features Situated in the Pacific, ChJIL, 2010, p. 667 et s.; Z. Chen and D. Caouette, China's South China Sea Policy and Its Implications for Canada : Claims, Strategies and Consequences, CaFPJ, 2012, Pp. 302-304.

la Chine va s'appuyer afin de prétendre à des zones maritimes générées par les îles Paracels. Toutefois, ces lignes de base droites ayant été tirées autour des îles Paracels, la question de leur conformité à la Convention de 1982 sur le droit de la mer va se poser, puisqu'elles apparaissent plutôt comme des lignes archipélagiques. Or, la Chine n'a pas la qualité d'Etat archipel. Seuls, en effet, les Etats archipels peuvent adopter des lignes archipélagiques.

58 Il convient, en outre, de voir que, au regard du territoire continental de la Chine, les îles Paracels ne constituent nullement un obstacle aux projections maritimes chinoises. De la même façon, les projections maritimes chinoises générées à partir de l'île Hainan ne sont pas bloquées par les îles Paracels. Dès lors, les îles Paracels vont constituer une difficulté sérieuse dans le cadre d'une délimitation maritime entre la Chine et le Viet Nam. Il est évident que la Chine voudra attribuer aux îles Paracels tout leur effet dans la délimitation.

59 Précisément, le Viet Nam ne pourra que s'opposer à toute solution consistant à attribuer aux îles Paracels tout effet dans la délimitation maritime. En effet, en raison de leur position – en face des côtes vietnamiennes – les îles Paracels vont avoir pour conséquence de bloquer les projections maritimes générées par les côtes continentales du Viet Nam. Et, dans la mesure où la souveraineté du Viet Nam serait reconnue sur les îles Paracels, les droits maritimes générés par les îles Paracels seront englobés par les droits maritimes générés par la côte continentale vietnamienne. Il apparaît ainsi que la question de la souveraineté sur les îles Paracels de l'un ou l'autre Etat aura des incidences importantes en matière de délimitation maritime entre les deux Etats riverains[64].

60 Au demeurant, le Viet Nam n'a jamais présenté de revendications maritimes en ce qui concerne les îles Paracels. Cet Etat considère, en effet, que les îles Paracels ne constituent pas des

[64] De façon générale, il a été souligné, à propos des îles Pratas, Paracels et Spratly, que « These three groups of islets are rather prominent features in the north part of the South China Sea ... It is simply not possible to neglect the existence of such prominent features in the South China Sea only to satisfy the general principle of non-encroachment", Fu, Kuen-Chen, Delimitating the China Continental Shelves – Ways and Issues, in Nordquist, Myron H., Moore John N. and Heidar Tomas H.(eds), Legal and Scientific Aspects of Continental Shelf Limits, Leiden, M. Nijhoff Publishers, 2004, Pp. 395-396.

formations insulaires au sens de l'article 121, paragraphe 2 de la Convention de 1982 sur le droit de la mer. Pour le Viet Nam, les îles Paracels ne sont formées que d'îlots qui ne se prêtent ni à toute habitation humaine, ni à des activités économiques propres. Il s'ensuit que les îles Paracels ne peuvent donner droit à une zone économique exclusive ainsi qu'à un plateau continental, à l'exception d'une mer territoriale de 12 milles marins. Une telle position vietnamienne à l'égard des îles Paracels ne fait que prendre en compte la réalité physique de la situation géographique des îles en cause. Cette attitude est confortée par la proclamation du Viet Nam faite en mai 1977 concernant sa zone économique exclusive de 200 milles marins. La zone économique exclusive ainsi proclamée par le Viet Nam englobe les droits à une telle zone générés par les îles Paracels. Aussi le Viet Nam n'a-t-il pas défini des lignes de base à partir des îles Paracels ; mais il retenait son territoire continental pour la détermination des lignes de base à partir desquelles était mesurée la largeur de ses espaces maritimes[65].

61 Plus au Nord de la mer de Chine, précisément en mer du Japon méridionale, les Liancourt Rocks, encore dénommés Takeshima ou Tok-do, constituent des rochers qui ne génèrent aucun droit à des zones maritimes autres qu'une mer territoriale de 12 milles marins. Aussi ni la Corée du Sud ni le Japon ne revendiquent-ils de telles zones maritimes autour des Liancourt, alors même que ces formations insulaires sont à l'origine d'un différend entre les deux Etats. Il y a lieu de souligner qu'aucun des deux Etats n'a inclus les Liancourt dans son système de lignes de base. Cependant, ces formations insulaires vont avoir un effet dans toute délimitation que le Japon et la Corée du sud entreprendraient.

62 Il en va autrement en ce qui concerne les îles Kouriles ou Territoires du Nord en mer du Japon septentrionale. En effet, ces formations insulaires ressortissent exactement à la catégorie des îles visées par les dispositions de l'article 121, paragraphe 2 de la Convention de 1982 sur le droit de la mer. Car ces îles ont pendant longtemps été habitées par des populations japonaises. Celles-ci ont

---

[65] Il est cependant certain que, en retenant comme lignes de base, le système des lignes de base droites, la proclamation du Viet Nam a pu être critiquée à juste raison. Cf. J. Ashley Roach and R. W. Smith (eds), Excessive Maritime Claims, Leiden, M. Nijhoff Publishers, 2012, p. 58.

été, consécutivement à l'occupation soviétique – et russe actuellement – déplacées. De plus, ces formations insulaires ont été et sont encore le lieu d'activités économiques. Il s'ensuit que les îles Kouriles ou Territoires du Nord génèrent, par elles-mêmes, des zones maritimes, en plus d'une mer territoriale de 12 milles marins.

63 Cette réalité des îles Kouriles ou Territoires du Nord a conduit le Japon à inclure ces îles dans son système de lignes de base. C'est ainsi que le Japon a défini un système de lignes de base droites à partir des îles Kunashiri, Etorofu et Shikotan. En revanche, ce système de lignes de base droites n'est pas tiré à partir des îles Habomai. Ce qui signifie que le Japon ne considère pas que ces dernières îles – qui font parties des Territoires du Nord – relèvent de l'article 121, paragraphe 2 ou 3 de la Convention de 1982 sur le droit de la mer. Dès lors, seules les îles Kunashiri, Etorofu et Shikotan génèrent des droits à des zones maritimes.

64 Toute différente est la situation des îles Senkaku ou Diaoyu encore appelées Tiaoyu, lesquelles sont au centre d'un différend entre la Chine, le Japon et Taïwan. Il est certain que les formations géographiques qui constituent les îles Senkaku ou Diaoyu ou encore Tiaoyu sont essentiellement des rochers qui ne se prêtent ni à l'habitation humaine ni à toutes activités économiques. Il en résulte que, en vertu de l'article 121, paragraphe 3 de la Convention de 1982 sur le droit de la mer, ces formations insulaires ne génèrent nul droit à des zones maritimes autre qu'une mer territoriale de 12 milles marins. Cette situation paraît admise par Taïwan et le Japon qui n'ont émis aucune revendication de zones maritimes sur ces îles.

65 Or, telle n'est pas la position de la Chine. Car, par une proclamation en date du 10 septembre 2012, cet Etat a défini ses lignes de base droites en en tirant également depuis les îles Senkaku ou Diaoyu ou encore Tiaoyu. Une telle attitude implique que ces îlots vont se voir attribuer des zones maritimes et non seulement une zone de mer territoriale. En effet, puisqu'il n'est pas contesté, y compris par la Chine, que les Sekaku ou Diaoyu ou encore Tiaoyu constituent des ilots qui ne se prêtent nullement à la vie humaine ou aux activités économiques, il s'ensuit que ces formations insulaires ne sauraient générer, soit une zone économique exclusive, soit un plateau continental. Par conséquent, elles ne peuvent être source que d'une mer territoriale de 12 milles marins.

66 En revanche, la situation est totalement différente à propos des îles Spratly. En effet, les Spratly se caractérisent par un enchevêtrement d'îles, ilots et rochers de statuts distincts. Il en résulte que certaines formations insulaires peuvent générer un droit aux espaces maritimes tandis que d'autres formations ne seront pas aptes à générer de tels droits. Dans ces conditions, il apparaît important de déterminer le statut de chaque formation insulaire en cause. Précisément, la sentence rendue par le Tribunal arbitral constitué dans le différend entre les Philippines et la Chine avait procédé à une telle appréciation.

67 Dans la sentence qu'il a rendue en cette affaire, le Tribunal arbitral a pu déterminer le statut des formations maritimes qui concernaient les Philippines et la Chine. A cet égard, le Tribunal arbitral a adopté un raisonnement consistant, d'abord, à distinguer les formations en cause entre les hauts-fonds découvrants et les formations géographiques affleurant à marée haute. Ensuite, le Tribunal arbitral a été conduit à définir les formations insulaires et celles qui ne constituent que des rochers. Sans doute cette démarche correspondait-elle à l'ordre des demandes soumises à la juridiction arbitrale par les Philippines[66]. Néanmoins, une telle présentation permettait également au Tribunal arbitral de déterminer, d'une part, les formations qui pouvaient être utilisées comme point de base dans la définition de la largeur de la mer territoriale, d'autre part, les formations qui étaient susceptibles de générer, par elles-mêmes, des zones maritimes autre qu'une mer territoriale de 12 milles marins.

68 C'est ainsi que le Tribunal arbitral allait retenir que Scarborough shoal, Cuarteron Reef, Fiery Cross Reef, Johnson Reef et Mc Kennan Reef[67] étaient des formations qui affleurent à marée haute[68]. Dans toutes ces situations, il est apparu que, quelle que soit la mesure de marée utilisée par le Tribunal arbitral, ces formations comportaient des sommets qui affleuraient à marée haute. Dans ces conditions, il ne pouvait s'agir que de formations maritimes découvrant à marée haute.

---

[66] La première distinction se rapporte aux demandes n° 4 et 6 des Philippines tandis que la seconde concerne les demandes n° 3, 5 et 7 présentées par cet Etat.

[67] S'agissant de McKennan Reef, le Tribunal arbitral devait observer que cette formation était « above high water by storm action », fond, Sentence arbitrale du 12 juillet 2016, para. 354.

[68] Voir affaire du différend entre les Philippines et la Chine, fond, Sentence arbitrale du 12 juillet 2016, para. 333-354.

Dès lors que ces formations découvrent à marée haute, elles peuvent être retenues dans le système de lignes de base définies par l'Etat côtier ou servir comme point de base de la délimitation maritime[69]. En définitive, ces formations maritimes découvrant à marée haute exercent une certaine influence sur la délimitation maritime.

69 En revanche, le Tribunal devait considérer que les autres formations maritimes des Spratly Island étaient constituées par des hauts-fonds découvrants. Tel a été le statut retenu par le Tribunal arbitral en ce qui concerne Hughes Reef, Gaven Reef South, Subi Reef, Mischief Reef et Second Thomas Shoal[70]. Dans toutes ces situations, le Tribunal a observé que les données provenant des mesures de marée, quel que soit le système retenu, établissait clairement que ces formations demeuraient submergées à marée haute. Il s'agit de formations géographiques qui ne sont visible qu'à marée basse. Dans ces conditions, de telles formations constituent des hauts-fonds découvrants, conformément à l'article 13 de la Convention de 1982 sur le droit de la mer.

70 Puisque ces formations maritimes constituent des hauts-fonds découvrants, elles ne peuvent être utilisées dans un système de lignes de base que dans les conditions prescrites par les dispositions des articles 13 et 47, paragraphe 4, de la Convention de 1982 sur le droit de la mer[71]. C'est ce qui explique que le Tribunal arbitral ait recherché

---

[69] Sous réserve de l'application de la théorie des caractéristiques géographiques particulières qui conduit, soit à écarter la formation insulaire en cause si elle apparaît comme un accident mineur, soit à en tenir compte lorsqu'elle a une importance significative. Cf. P. Weil, Perspectives du droit de la délimitation maritime, Paris, A. Pédone, 1988, p. 244 et s. Voir également, CIJ, Affaire de la délimitation maritime en mer Noire, Roumanie c. Ukraine, Arrêt du 3 février 2009, para. 185.

[70] Cf. affaire du différend entre les Philippines et la Chine, Sentence arbitrale du 12 juillet 2016, para. 355-381.

[71] L'article 13 prévoit que : « 1. … Lorsque des hauts-fonds découvrants se trouvent, entièrement ou en partie, à une distance du continent ou d'une île ne dépassant pas la largeur de la mer territoriale, la laisse de basse mer sur ces hauts-fonds peut être prise comme ligne de base pour mesurer la largeur de la mer territoriale. 2. Lorsque des hauts-fonds découvrants se trouvent entièrement à une distance du continent ou d'une île qui dépasse la largeur de la mer territoriale, ils n'ont pas de mer territoriale qui leur soit propre »
L'article 47, paragraphe 4, relatif aux lignes de bases archipélagiques, précise que : « Ces lignes de base ne peuvent être tirées vers ou depuis des hauts-fonds découvrants, à moins que des phares ou des installations similaires émergées en

si ces hauts-fonds découvrants étaient situés dans les 12 milles marins de la mer territoriale d'une formation affleurant à marée haute.

71 A cet effet, le Tribunal arbitral allait relever que Subi Reef était localisé à plus de 12 milles marins des lignes de base tirées à partir de Thitu Island. Par conséquent, Subi Reef n'avait aucune pertinence pour une mer territoriale tracée à partir de Thitu Island. En revanche, Subi Reef étant situé à 12 milles marins de Sandy Cay, il est susceptible de servir comme ligne de base pour la mer territoriale tracée depuis Sandy Cay[72]. De la même façon, que le Tribunal arbitral soulignera que Hughes Reef était situé à 12 milles marins de McKennan Reef et Sin Cowe Island et que Gaven Reef South se trouvait à 12 milles marins de Gaven Reef North et Namyit Island[73].

72 Par la suite, le Tribunal arbitral ayant défini des entités maritimes qui affleuraient à marée haute, il lui appartenait de déterminer exactement le statut juridique de ces formations. Car une formation géographique qui découvre à marée haute peut revêtir plusieurs qualifications en vertu de l'article 121 de la Convention de 1982 sur le droit de la mer. Il peut s'agir d'une île ou simplement d'un rocher qui ne se prête pas à la vie humaine ou à toute activité économique propre.

73 A ce titre, le Tribunal arbitral devait indiquer que Scarborough Shoal, Johnson Reef, Cuarteron Reef, Fiercy Reef, Gaven Reef North et Mc Kennan Reef correspondaient à des formations maritimes constituées exclusivement de rochers[74]. Pour le Tribunal arbitral, ces formations maritimes étaient minuscules, parfois non recouvertes de végétation ou encore elles ne disposaient ni d'eau potable ni d'espace suffisant pour y vivre, voire y mener une quelconque activité économique. En tous les cas, selon le Tribunal arbitral, dans leurs conditions naturelles, ces formations maritimes ne peuvent maintenir

---

permanence n'y aient été construits ou que le haut-fond ne soit situé, entièrement ou en partie, à une distance de l'île la plus proche ne dépassant pas la largeur de la mer territoriale ».

72 Cf. affaire du différend entre les Philippines et la Chine, fond, Sentence arbitrale du 12 juillet 2016, para. 369-373 et para. 384.

73 Voir, affaire du différend entre les Philippines et la Chine, fond, Sentence arbitrale du 12 juillet 2016, para. 384.

74 Affaire du différend entre les Philippines et la Chine, fond, fond, Sentence arbitrale du 12 juillet 2016, para. 554-570.

et développer quelque forme de vie humaine ou permettre l'organisation d'activités économiques propres[75].

74 Cependant, ces indications ne sont pas limitées aux seules formations géographiques présentées comme étant minuscules. L'analyse du Tribunal arbitral allait également porter sur les grandes formations maritimes qui se trouvent dans les Spratly. Précisément, un tel examen a été mené à propos de Itu Aba, Thitu, West York, Spratly Island, South-West Cay et North-West Cay. Une pareille analyse du Tribunal arbitral a conduit à considérer, pour les mêmes motifs, que ces grandes formations maritimes ne pouvaient maintenir ou développer toute forme de vie humaine ou encore permettre la réalisation d'activités économiques propres[76]. Par ailleurs, cet examen a abouti à la conclusion suivant laquelle toutes les petites formations géographiques dans les Spratly ne pouvaient être à même de développer la vie humaine ainsi que des activités économiques propres[77].

75 Dans ces conditions, toutes ces formations maritimes ne peuvent générer des zones maritimes autres qu'une mer territoriale de 12 milles marins. Il ne s'agit en cela que d'une conséquence de l'application des dispositions de l'article 121, paragraphe 3 de la Convention de 1982 sur le droit de la mer. Car ces formations, affleurant à marée haute, ne sont rien d'autres que des rochers qui ne se prêtent ni à la vie humaine ni à toute activité économique propre au sens de la Convention. Cette observation permet de souligner que si les questions de souveraineté territoriale sont exacerbées en mer de Chine, le fait que les formations maritimes en cause ne soient constituées, dans leur grande majorité, que de rochers relevant de l'article 121, paragraphe 3 de la Convention a pour conséquence de

---

75 Sur les motivations articulées par le Tribunal arbitral, cf. Sentence arbitrale du 12 juillet 2016, para. 475-506.

76 Affaire du différend entre les Philippines et la Chine, fond, Sentence arbitrale du 12 juillet 2016, para. 401-406 et para. 577-625.

77 Affaire du différend entre les Philippines et la Chine, Sentence arbitrale du 12 juillet 2016, para. 407 et para. 625. Dans le paragraphe 407 de la sentence, le Tribunal arbitrale vise explicitement Amboyna Cay, Flat Island, Loaita Island, Namyit Island, Nanshan Island, Sand Cay Sin Cowe Island et Swallow Reef. Certaines de ces formations, quoique occupées par des Etats non parties au différend, ont été retenues et examinées par le Tribunal puisqu'elles font l'objet d'une revendication par la Chine.

réduire de façon substantielle les chevauchements de prétentions maritimes des Etats concernés. De fait, les rochers de l'article 121, paragraphe 3 de la Convention de 1982 sur le droit de la mer ne générant qu'une mer territoriale de 12 milles marins, c'est exclusivement sur cet espace maritime que devraient se réaliser les chevauchements de prétentions maritimes. Or, ces formations maritimes sont suffisamment éloignées les unes des autres pour éviter de tels chevauchements de prétentions.

76 En tous les cas, même lorsque ces chevauchements de prétentions vont exister, ils seront résolus beaucoup plus facilement que si ces chevauchements avaient concerné la zone économique exclusive ou le plateau continental. En effet, le Tribunal international du droit de la mer a exactement indiqué que tout Etat côtier a droit à une mer territoriale de 12 milles marins[78]. Il s'ensuit que chaque Etat riverain doit se voir attribuer une zone maritime correspondant à sa mer territoriale. Ce qui peut conduire à des enclaves[79]. Et lorsqu'il n'est pas possible d'attribuer à chaque Etat riverain la largeur de 12 milles marins pour sa mer territoriale, l'article 15 de la Convention de 1982 sur le droit de la mer admet une réduction de cette largeur. Car, cette disposition prévoit explicitement que, sauf accord contraire entre eux, les Etats riverains dont les côtes sont adjacentes ou se font face ne peuvent étendre leur mer territoriale au-delà de la ligne médiane tracée à partir des points équidistants des points les plus proches des lignes de base servant à mesurer la largeur de la mer territoriale[80]. Il

---

[78] Le TIDM soulignait, à cet égard, que « Bangladesh has the right to a 12 nautical miles of territorial sea around St Martin's Island in the area where such territorial sea no longer overlaps with Myanmar's territorial sea. A conclusion to the contrary would result in giving more weight to the sovereign rights and jurisdiction of Myanmar in its exclusive economic zone and continental shelf than to the sovereignty of Bangladesh over its territorial sea", cf. Affaire relative à la délimitation de la frontière maritime entre Bangladesh et Myanmar dans le golfe de Bengale, Bangladesh/Myanmar, Arrêt du 14 mars 2012, para. 169.

[79] Voir, par exemple, CIJ, affaire du différend territorial et maritime, Nicaragua c. Colombie, Arrêt du 19 novembre 2012, RACIJ, 2012, para. 238. A propos des îles colombiennes Quitasueño et Serrano situées du côté du Nicaragua, la Cour avait recouru à des enclaves.

[80] La CIJ a admis la possibilité de cette réduction de la largeur de la mer territoriale, cf. CIJ, affaire du différend territorial et maritime, Nicaragua c. Colombie, Arrêt du 19 novembre 2012, para. 177. La Cour y indique expressément que « ... la mer territoriale d'un Etat peut être restreinte dans le cas où elle chevauche la mer territoriale d'un autre Etat ».

apparaît ainsi que les conflits qui existent en mer de Chine soulèvent plus de difficultés, parce qu'ils concernent davantage des questions de souveraineté que des problèmes relatifs à la délimitation maritime.

SECTION SECONDE : LE DROIT DE LA MER ET LA ''NINE-DASH LINE'' CHINOISE

77 En même temps qu'elle revendiquait des zones maritimes en mer de Chine méridionale, la Chine développait, en outre, le concept de la « Nine-dash line » ou ligne en neuf segments. Ce concept n'a été articulé par la Chine que pour étayer ses revendications maritimes en mer de Chine méridionale. En réalité, ce concept est clairement apparu lorsque la Chine a entendu s'opposer à la demande conjointe présentée par la Malaisie et le Viet Nam à propos de leur plateau continental au-delà de 200 milles marins en mer de Chine méridionale, ainsi que consécutivement à la demande soumise par le Viet Nam au regard de son plateau continental étendu en mer de Chine méridionale à la Commission des limites du plateau continental. En effet, à ces occasions, la Chine avait adressé au Secrétaire Général de l'ONU une note verbale qui était accompagnée d'une carte comportant l'indication de cette ligne en neuf segments[81]. Précisément, dans cette note verbale, la Chine relevait qu'elle « has indisputable sovereignty over the islands in the South China Sea and the adjacent waters and enjoys sovereign rights and jurisdiction over the relevant waters as well as the seabed and subsoil thereof (see attached map)''[82]. Dès lors,

---

[81] Malaysia-Viet Nam Joint Submission to the Commission on the Limits of the Continental Shelf pursuant to Article 76, paragraph 8 of the UNCLOS in respect to the Southern Part of the South China Sea, Executive Summery, May 2009 et Viet Nam Submission to the CLCS pursuant to Article 76, paragraph 8 of the UNCLOS in respect of Viet Nam's Extended Continental Shelf North Area, Executive Summary, April 2009 ; China's Note Verbale, 7th May, 2009, in CLCS www.un.org/Depts/los/clcs.

[82] Note verbale de la Chine en date du 7 mai 2009, op. cit. Par une note verbale ultérieure en date du 14 avril 2011, la Chine devait préciser que « ... Since 1930s, the Chinese Government has given publicity several times the geographical scope of China's Nansha Islands and the names of its components. China's Nansha Islands is therefore clearly defined. In addition, under the relevant provisions of the 1982 United Nations Convention on the Law of the Sea, as well as the Law of the People's Republic of China on the Territorial Sea

il convient de présenter le concept de ligne en neuf segments (paragraphe premier) avant d'en apprécier la validité au regard du droit international de la mer (paragraphe second).

PARAGRAPHE PREMIER : LE CONCEPT DE NINE-DASH LINE

78 La diplomatie chinoise rattache la ligne en neuf segments à la tradition de cet Etat. De fait, une première ébauche de ce concept avait été développée par le gouvernement de la Chine nationaliste en 1947. Il s'agissait d'une ligne possédant onze segments[83]. A la suite de l'accord de délimitation maritime intervenu entre la Chine et le Viet Nam dans le golfe de Tonkin le 25 décembre 2000 et portant sur la mer territoriale, la zone économique exclusive et le plateau continental, deux segments de cette ligne seront retirés par la Chine[84]. Ainsi s'explique la présentation actuelle de ce concept.

79 Le contenu de ce concept apparaît quelque peu confus. En effet, si la Chine entend revendiquer la presque totalité des eaux de la mer de Chine méridionale ainsi que les formations maritimes qui s'y

---

and Contiguous zone (1992) and the Law on the Exclusive Economic Zone and the continental Shelf of the People's Republic of China – (1998), China's Nansha Islands is fully entitled to Territorial Sea, Exclusive Economic Zone (EEZ) and Continental Shelf".

Il y a lieu de noter que Nansha Islands correspond à la dénomination chinoise des îles Spralty.

[83] Cf. Li Jimming and Li Dexia, The Dotted Line on the Chinese Map of the South China Sea : A Note, ODIL, 2003, Pp. 287-295 ; M. Sheng Ti-Gau, The U-Shaped Line and a Categorization of the Ocean Disputes in the South China Sea, ODIL, 2012, Pp. 57-69 ; K.-H. Wang, The RoC's Maritime Claims and Practices with Special Reference to the South China Sea, ODIL, 2010, Pp. 237-252 ; Keyuan Zou, The Chinese Traditional Maritime Boundary Line in the South China Sea and Its Legal Consequences for the Resolution of the Dispute over the Spratly Islands, IJMCL, 1999, Pp. ; Zhiguo Gao and Bing Bing Jia, The Nine-Dash Line in the South China Sea, History, Status and Implications, AJIL, 2013, Pp. 98-122.

[84] Cet accord est entré en vigueur entre les deux gouvernements le 30 juin 2004. Cf. Bulletin du droit de la mer, n° 56, p. 137. Mais, en réalité, ces deux segments furent retirés dès 1953, lorsque le titre territorial de Bach Long Vi Island, dans le golfe de Tonkin, fut transféré de la Chine au Viet Nam.

trouvent incluses, le fondement d'une telle revendication ne paraît pas clairement établi. Par ailleurs, le concept même de ligne en neuf segments comporte à la fois des revendications de souveraineté et des revendications portant sur des droits et des juridictions. Ce qui conduit la Chine à soutenir sa souveraineté sur les formations maritimes qui sont localisées à l'intérieur de la zone couverte par la ligne à neuf segments ainsi qu'à s'opposer à l'exercice de la pêche et aux activités d'exploration et d'exploitation des ressources minérales menées par les autres Etats riverains dans la zone en cause[85]. Mais la ligne en neuf segments chevauche les zones maritimes des autres Etats riverains. D'une part, cette ligne chevauche la zone économique exclusive des Philippines ; d'autre part, il existe également des chevauchements avec la zone des 200 milles marins de l'Indonésie tracée à partir de l'île de Natuna. Ces chevauchements existent, en outre, avec les zones maritimes du Viet Nam et de la Malaisie.

80 Or, assez curieusement, les autorités chinoises reconnaissent elles-mêmes explicitement que « The UN Convention on the Law of the Sea does not entitle any country to extend its exclusive economic zone or continental shelf to the territory of another, and it does not restrain or deny a country's right which is formed in history and abidingly upheld"[86]. Il apparaît ainsi que la Chine se prévaut tant des droits historiques que de droits déduits de la Convention de 1982 sur le droit de la mer pour justifier la ligne en neuf segments[87].

81 Dans cette perspective, en tant qu'elle concerne les revendications de souveraineté chinoise sur les formations maritimes des îles Spratly, la ligne en neuf segments apparaît sans aucune ambiguïté. A cet effet, la ligne en neuf segments tracée par la Chine indiquerait, non seulement les îles revendiquées par cet Etat, mais elle

---

[85] Cf. Yann-Huei Song and Stein Tonnesson, The Impact of the Law of the Sea Convention on Conflict and Conflict Management in the South China Sea, ODIL, 2013, Pp. 235-258.

[86] Ministère des affaires étrangères, conférence de presse en date du 15 septembre 2011.

[87] Ce que semble clairement traduire l'article 14 de la législation chinoise relative à la zone économique exclusive et au plateau continental. Cette disposition précise que « The provisions of this Act shall not affect the historical rights of the People's Republic of China", voir China, Economic Exclusive Zone and Continental Shelf Act, en date du 26 juin 1998, in UN Division for Ocean Affairs and the Law of the Sea, www.un.org/depts/los/index.htm.

porterait également sur les espaces maritimes adjacents à ces formations maritimes. Tel est certainement le sens des expressions « … indisputable sovereignty over the islands … and the adjacent waters … » contenues dans les Notes Verbales successives adressées par la Chine au Secrétaire Général de l'ONU.

82 De fait, la revendication sur les îles correspond à une réclamation portant sur un espace de souveraineté. Il en va de même de la mer territoriale qui est une zone où s'exerce un régime de souveraineté. A l'inverse, la référence à des droits de souveraineté ou de juridiction constitue, à l'évidence, un renvoi au régime juridique applicable à la zone économique exclusive et au plateau continental. Ainsi, dans cette mesure, la ligne en neuf segments ne serait-elle qu'une manifestation étatique s'inscrivant dans le cadre de la convention de 1982 sur le droit de la mer.

83 Mais, dès lors que de telles revendications s'inscriraient dans le cadre de la Convention de 1982 sur le droit de la mer, elles devraient être conformes aux prescriptions de cette Convention. Précisément, celle-ci prévoit explicitement les conditions dans lesquelles les formations maritimes sont susceptibles de générer des espaces maritimes. De plus, la présence d'autres Etats riverains a pour conséquence d'entraîner, le cas échéant, des chevauchements des projections maritimes dans la même zone. Dans ces conditions, il devient important de déterminer la portée de ces chevauchements.

84 Cependant, la ligne en neuf segments peut aussi traduire la volonté de la Chine de définir ses frontières maritimes. A cet effet, la ligne en neuf segments constituerait la frontière maritime de la Chine avec les Etats riverains. Aussi a-t-il été soutenu que « the dashed lines were designed at a time with the nascent notion of continental shelf in the mind ; they might be dictated by the geographical reality of the South China Sea in that the 200-meter isobaths runs close to the shores of the coastal States except for China and, to a lesser extent Viet Nam. Thus … the dashed lines were drawn in the 1948 atlas as if they were median lines between the islands and the opposite coasts of the neighboring States, thus serving a potential delimitation purpose"[88].

---

[88] Gao Zhiguo and Jia Bing Bing, The Nine-Dash Line in the South China Sea : History, Status, and Implications, AJIL, 2013, p. 109.

85 Mais, une telle volonté de délimitation ne serait pas conforme à la Convention de 1982 sur le droit de la mer. Car les articles 15, 74 et 83 de cette Convention font et constituent en même temps un obstacle à une détermination unilatérale des frontières maritimes. De plus, cette volonté de délimitation serait totalement absurde, dès lors qu'elle réclamerait, pour chacune des îles concernées l'intégralité des espaces maritimes, sans distinction entre les îles et les rochers et les hauts-fonds découvrants. Enfin, il y a lieu de souligner que certains segments de cette ligne se trouvent, soit à une distance de moins de 12 milles marins des côtes de certains Etats riverains – notamment des côtes du Viet Nam – soit à plus de 200 milles marins des lignes de base de la Chine, lesquelles incluent l'île chinoise de Hainan.

86 Mais, la ligne en neuf segments est aussi susceptible de correspondre à une réclamation portant sur des « droits historiques » ou des « eaux historiques ». A ce titre, il s'agirait, pour la Chine, de revendiquer des droits qu'elle considère comme ayant été, par elle, acquis à travers les siècles en mer de Chine méridionale. Toutefois, il y aurait à ce propos une difficulté quant à l'existence, en droit international de la mer, de ces droits historiques ou de ces eaux historiques[89]. En tous les cas, il convient d'observer que la ligne en neuf segments chinoise ne procède que d'une carte présentée par la Chine ; et tous les Etats côtiers riverains ont rejeté les prétentions chinoises articulées sur le fondement de cette carte et de ce concept de ligne en neuf segments – Nine-Dash Line. Il s'ensuit que c'est le fondement juridique même du concept de ligne en neuf segments qui se trouve remis en cause.

[89] Pourtant, il a pu être écrit que « the Chinese people never intended to claim ignorantly any historic bay status of the northern South China Sea. Their claim of the historic waters in the northern part of the South China Sea is actually a reasonably mild assertion ... The water area within that U-shaped line is a long-time traditional fishing ground of the Chinese fishermen and is closer to her southern provinces. The line is basically the medium line between the Chinese archipelagos and the neighboring State's coastline", Fu, Kuen-Chen, Delimitating the Chinese Continental Shelves – Ways and Issues, in Nordquist, Myron H., Moore John N. and Heidar Tomas H. (eds), Legal and Scientific Aspects of Continental Shelf Limits, op cit., p. 396.

PARAGRAPHE SECOND : L'ABSENCE DE FONDEMENT EN DROIT INTERNATIONAL DE LA MER DE LA NINE-DASH LINE OU LIGNE EN NEUF SEGMENTS

87 C'est sous l'angle de l'examen de sa compétence que le Tribunal arbitral constitué dans le différend entre les Philippines et la Chine a analysé la question de la validité en droit international de la mer de la ligne en neuf segments. En effet, en conduisant son analyse en vertu de la Convention de 1982 sur le droit de la mer, le Tribunal arbitral a été confronté à la déclaration souscrite par la Chine en vertu de l'article 298 de cette Convention[90]. En devenant Partie à la Convention, la Chine avait, en effet, émis une déclaration en vertu de cette disposition et précisant que la Chine n'acceptait aucune des procédures prévues à la section 2 de la Partie XV de la Convention en ce qui concerne toutes les catégories des différends visés au paragraphe 1 (a), (b) et (c) de l'article 298 de la Convention[91]. Dans une première phase de son analyse, le Tribunal arbitral allait retenir sa compétence en considérant que « This is not a dispute over maritime boundaries. The Philippines has not requested the Tribunal to delimit any overlapping entitlements between the two States, and the Tribunal will not effect the delimitation of any boundary"[92]. Dans une seconde

---

[90] L'article 298 de la Convention de 1982 sur le droit de la mer prévoit que : « 1. Lorsqu'il signe ou ratifie la Convention ou y adhère, ou à n'importe quel moment par la suite, un Etat peut, sans préjudice des obligations découlant de la section 1, déclarer par écrit qu'il n'accepte pas une ou plusieurs des procédures de règlement des différends prévues à la section 2 en ce qui concerne une ou plusieurs des catégories suivantes de différends : a) i. les différends concernant l'interprétation ou l'application des articles 15, 74 et 83 relatifs à la délimitation de zones maritimes ou les différends qui portent sur des baies ou titres historique … b) les différends relatifs à des activités militaires, y compris les activités militaires des navires et aéronefs d'Etat utilisés pour un service non commercial, et les différends qui concernent les actes d'exécution forcée accomplis dans l'exercice de droits souverains ou de la juridiction et que l'article 297, paragraphe 2 ou 3, exclut de la compétence d'une cour ou d'un tribunal ; c) les différends pour lesquels le Conseil de Sécurité de l'organisation des Nations Unies exerce les fonctions qui lui sont conférées par la Charte des Nations Unies … ».

[91] Il s'agit de la déclaration faite par la Chine en date du 25 août 2006, 2834 UNTS 237.

[92] Affaire du différend entre les Philippines et la Chine, Compétence et recevabilité, Sentence arbitrale du 29 octobre 2015, para. 157. Plus tard, le Tribunal arbitral

phase de l'analyse, le Tribunal arbitral étayera sa compétence en soulignant que : « China does not claim historic titles to the waters of South China Sea, but rather a constellation of historic rights short of title"[93]. C'est, par conséquent, à une véritable étude des droits historiques et des titres historiques chinois que va se livrer le Tribunal arbitral.

88 De fait, il convient de noter que la ligne en neuf segments ne saurait être conçue comme une décision chinoise de délimitation de ses zones maritimes en mer de Chine méridionale, puisque la délimitation de frontières maritimes ne procède que d'une décision des Etats côtiers intéressés ; elle est exclusivement un acte émanant d'une pluralité d'Etats côtiers et non pas d'un Etat seul. Dès lors, il pourrait s'agir d'une délinéation des zones maritimes chinoises. En effet, la Cour internationale de justice avait admis, dès 1951, que cette délinéation était un acte unilatéral. La Cour soulignait, à cet égard, que « La délimitation des espaces maritimes a toujours un aspect international ; elle ne saurait dépendre de la seule volonté de l'Etat riverain telle qu'elle s'exprime dans son droit interne. S'il est vrai que l'acte de délimitation est nécessairement un acte unilatéral, parce que l'Etat riverain a seul qualité pour y procéder, en revanche, la validité de la délimitation à l'égard des Etats tiers relève du droit international »[94]. Il en résulte que si la ligne en neuf segments constitue la délinéation des espaces maritimes de la Chine, l'appréciation de sa validité ne peut avoir lieu qu'au regard du droit international. Au demeurant, c'est cet effet de délinéation qui est retenu par la doctrine chinoise elle-même[95] En l'occurrence, le droit international est marqué par la Convention de 1982 sur le droit de la mer.

---

ajoutera que « a dispute over the source and existence of maritime entitlements does not concern sea boundary delimitation merely because the existence of overlapping entitlements is a necessary condition for delimitation. While all sea boundary delimitations will concern entitlements, the converse is not the case : all disputes over entitlements do not concern delimitation", voir affaire du différend entre les Philippines et la Chine, fond, Sentence arbitrale du 12 juillet 2016, para. 204.

93 Affaire du différend entre les Philippines et la Chine, fond, Sentence arbitrale du 12 juillet 2016, para. 229.

94 CIJ, affaire des pêcheries, Royaume-Uni c. Norvège, Arrêt du 18 décembre 1951, RACIJ, p. 132.

95 Voir notamment Zhiguo Gao and Bing Bing Jia, The Nine Dash Line in the South China Sea , op. cit. AJIL, p. 108 et s.:

89 Précisément, la Convention de 1982 sur le droit de la mer n'autorise nullement les Etats côtiers à procéder à la délinéation de leurs espaces maritimes uniquement au moyen d'une carte. Aussi a-t-il été souligné que « It is uncertain whether the map has any relevance to the delimitation of China's boundaries in the South China Sea, because China has never provided any explanation as to the meaning of the nine-dash line"[96]. C'est au regard des dispositions contenues dans la Convention que la délinéation des espaces maritimes doit être faite. Dès lors que la carte comportant la ligne en neuf segments ne constitue pas la délinéation des espaces maritimes chinoises, une telle délinéation ne peut être appréciée qu'au regard des droits historiques ou des eaux historiques revendiqués par la Chine. Car, c'est exclusivement cette revendication que la Chine a formulée lorsqu'elle a rendu publique la carte relative à la ligne en neuf segments.

90 Puisque la Chine relève elle-même, de façon constante, que la ligne en neuf segments traduit la sphère de ses droits historiques et de ses eaux historiques en mer de Chine méridionale, c'est, par conséquent, sous cet angle qu'il y a lieu d'apprécier une telle revendication. A cet effet, il convient de préciser les notions de droits historiques et eaux historiques au regard de la Convention de 1982 sur le droit de la mer.

91 La question de la terminologie tourne autour des expressions titres historiques, droits historiques et eaux historiques utilisées par les autorités chinoises à propos de la ligne en neuf segments. Les notions de droits historiques et eaux historiques ont été présentées comme étant des concepts jumeaux[97]. Si la notion d'eaux historiques a pour effet d'entraîner une exclusivité de droits sur toute une zone opposable à tous les autres Etats par l'Etat côtier bénéficiaire, en revanche la notion de droits historiques induit une exclusivité qui, elle, est limitée

---

[96] P.-M. Dupuy et F. Dupuy, A Legal Analysis of China's Historic Rights Claim in the South China Sea, AJIL, 2013, Pp. 131-132. Ces auteurs relevaient déjà que "... the relation between the map and historic rights is unclear and maps do not constitute titles in international law", *Ibid et eod. loc.* Dans le même ordre d'idées, d'autres auteurs notaient que " ... the map is of doubtful probative value in the light of various factors fleshed out in international jurisprudence regarding map evidence", E. Franckx and M. Benatar, Dots and Lines in the South China Sea : Insights from the Law of Map Evidence, AsJIL, 2012, Pp. 89-118.

[97] C. Symmons, Historic Waters in the Law of the Sea : A Modern Reappraisal, Leiden, M. Nijhoff, 2008, p. 6.

à certaines ressources ou activités. Cette distinction peut également se traduire par le fait que les eaux historiques sont nécessairement adjacentes aux côtes de l'Etat riverain bénéficiaire alors même que les droits historiques sont susceptibles de porter sur une zone maritime plus large que les eaux adjacentes des côtes de l'Etat riverain intéressé[98]. La distinction entre eaux historiques et droits historiques a été consacrée par une étude menée par le Secrétariat Général de l'ONU en 1962. Cette étude indiquait que « The concept of historic waters has its root in the historic fact that States through the ages claimed and maintained sovereignty over maritime areas which they considered vital to them without paying much attention to divergent and changing opinions about what general international law might prescribe"[99]. Ainsi, la notion d'eaux historiques est-elle perçue comme "necessary in order to maintain a State's title to some areas of water which might escape the codification formula"[100].

92 Pourtant, la Convention de 1982 sur le droit de la mer ne comporte pas explicitement de dispositions relatives aux notions de droits historiques et d'eaux historiques. Sans doute, l'article 15 de cette Convention ne fait-il que reprendre la rédaction de l'article 12 de la Convention de Genève de 1958 sur la mer territoriale et la zone contiguë. Mais, ces textes ne trouvent leur applicabilité qu'en matière de délimitation maritime pour laquelle l'existence de droits historiques peut justifier une autre méthode de délimitation. De même, l'article 10, paragraphe 6 de la Convention de 1982 sur le droit de la mer ne se réfère-t-il qu'à des baies historiques. Dès lors, il apparaît que ces notions ne comportent aucune définition tirée de la Convention elle-même. C'est donc dans le droit international général que ces notions doivent trouver leur consistance, puisqu'elles ne sont pas régies par la Convention de 1982 sur le droit de la mer.

93 Au demeurant, lorsqu'il a été confronté à cette difficulté terminologique, le Tribunal arbitral constitué dans le différend entre les Philippines et la Chine allait définir ces notions sans aucune

[98] C. Symmons, Historic Waters in the Law of the Sea : A Modern Reappraisal, op. cit. Pp. 5-6. Cet auteur précise, en outre, que "historic waters do not involve zonal claims of jurisdiction or sovereignty" *Ibid et eod. loc.*

[99] UN Secretariat, Juridical Regime of Historic Waters, Including Historic Bays, UN Doc A/CN. 4/143, 9 mars 1962, reproduit dans ACDI, 1962, vol II, p. 7, para. 38.

[100] D. P. O'Connell, The International Law of the Sea, by I. Shearer (ed), vol. I, Oxford Clarendon Press, 1982, p. 425.

référence à la Convention de 1982 sur le droit de la mer. C'est ainsi que ce Tribunal arbitral entendait la notion de droits historiques comme étant « general in nature and can describe any rights that a State may possess that would not normally arise under the general rules of international law, absent particular historical circumstances"[101]. De la même façon que cette juridiction considérait que la notion de titre historique est employée « specifically to refer to historic sovereignty to land or maritime areas »[102]. Enfin, en ce qui concerne les eaux historiques, le Tribunal arbitral relevait que cette notion était simplement « a term for historic title over maritime areas, typically exercised either as a claim to internal waters or as a claim to territorial sea, although general law … does not provide for a single regime for historic waters or historic bays, but only for a particular regime for each of the concrete, recognized cases of historic waters or historic bays"[103]. Cette dernière indication du Tribunal arbitral ne constitue, du reste, que la reprise de ce que la Cour internationale de justice soulignait déjà dans le différend entre la Tunisie et la Libye[104].

94 La position ainsi adoptée par le Tribunal arbitral et la Cour internationale de justice est conforme à la Convention de 1982 sur le droit de la mer. Car, le préambule de cette Convention précise explicitement que « les questions qui ne sont pas réglementées par la Convention continueront d'être régies par les règles et principes du droit international général »[105]. Tel est, donc, le cas à propos des questions touchant aux droits historiques, aux titres historiques et aux

[101] Affaire du différend entre les Philippines et la China, fond, Sentence arbitrale du 12 juillet 2016, para. 225. Le Tribunal arbitral poursuivait, en soulignant que « Historic rights may include sovereignty, but may equally include more limited rights, such as fishing rights or rights of access, that fall well short of claim of sovereignty", *ibid* et *eod. loc.*

[102] Affaire du différend entre les Philippines et la Chine, fond, Sentence arbitrale du 12 juillet 2016, para. 225.

[103] Affaire du différend entre les Philippines et la Chine, Sentence arbitrale du 12 juillet 2016, para. 225.

[104] Dans cette affaire, la Cour internationale de justice soulignait que « le droit international général … ne prévoit pas de régime unique pour les eaux historiques ou les baies historiques, mais seulement un régime particulier pour chaque cas concret et reconnu d'eaux historiques ou de baies historiques », CIJ, affaire du plateau continental, Tunisie/Libye, Arrêt du 24 février 1982, RACIJ, 1982, para. 100.

[105] Il s'agit du dernier (huitième) paragraphe de la Résolution qui sert de préambule à la Convention.

eaux historiques, dès lors qu'elles ne sont pas traitées par la Convention de 1982 sur le droit de la mer. C'est donc, au droit international général qu'il convient de se reporter, lorsqu'il s'agit de déterminer l'existence et la consistance de ces droits[106]. C'est exactement le droit international général qui gouverne la constitution de ces droits.

95 Précisément, la question qui se pose, dans le contexte de la mer de Chine méridionale, est celle de savoir ce que représente exactement la ligne en neuf segments : titre historique, droits historiques ou eaux historiques de la Chine.

96 A l'évidence, cette ligne ne saurait traduire une revendication chinoise des eaux historiques en mer de Chine méridionale. Car les eaux historiques correspondent à des espaces maritimes que l'Etat côtier considère comme relevant de ses eaux intérieures ou de sa mer territoriale. C'est pourquoi la Cour internationale de justice définissait cette notion comme s'entendant « des eaux que l'on traite comme des eaux intérieures, alors qu'en l'absence d'un titre historique elles n'auraient pas ce caractère »[107]. De ce fait, s'y exerce la plénitude de compétence de l'Etat côtier. En ce sens, dans les eaux historiques, les Etats tiers ne peuvent prétendre et ne jouissent ni de la liberté de navigation, ni de la liberté de survol des eaux surjacentes. Ainsi, sauf lorsqu'il s'agit de la mer territoriale où s'exerce le droit de passage inoffensif, les Etats tiers ne bénéficient-ils d'aucune liberté garantie par le droit international général dans les eaux intérieures de l'Etat côtier. Or, dans sa sentence, le Tribunal arbitral constitué dans le différend entre les Philippines et la Chine soulignait que celle-ci avait admis que dans la mer de Chine méridionale qu'elle revendique sur le fondement de la ligne en neuf segments, la Chine reconnaissait et garantissait la liberté de navigation et de survol par des aéronefs dans toute la zone concernée[108]. Il en résulte qu'une telle ligne ne saurait

---

[106] Cf. également, C. Symmons, Historic Waters in the Law of the Sea : A Modern Reappraisal, op. cit., p. 296 ; Ted L. McDorman, Rights and Jurisidiction over Resources in the South China Sea : UNCLOS and the nine-dash line, in The South China Disputes and Law of the Sea, S. Jayakumar, T. Koh and R. Beckman (eds), Edward Elgar, Cheltenham, 2014, p. 152.

[107] CIJ, affaire des pêcheries, Royaume-Uni c. Norvège, Arrêt du 18 décembre 1951, RACIJ, 1951, p. 130.

[108] Affaire du différend entre les Philippines et la Chine, Sentence arbitrale du 12 juillet 2016, para. 212-213.

être qualifiée comme constitutive des eaux historiques de la Chine en mer de Chine méridionale. Dans ces conditions, c'est donc sur le fondement de droits historiques que la revendication de la Chine présentait quelque pertinence.

97 De fait, tout le comportement de la Chine dans la zone couverte par la ligne en neuf segments montre que cet Etat s'est toujours opposé à l'exploration et à l'exploitation par les autres Etats riverains ou non des ressources marine de cette zone. D'une part, la Chine a toujours empêché l'exercice des activités de pêche dans la zone lorsqu'elles étaient menées par des ressortissants des autres Etats. Ainsi les incidents entre les forces militaires chinoises et les pêcheurs philippins autour de Scarborough trouvent-ils leurs raisons d'être dans la volonté de la Chine de faire obstacle aux activités de pêche conduites par les ressortissants philippins. D'autre part, la Chine s'est lancée, dans la zone couverte par la ligne en neuf segments, à la délivrance des autorisations d'exploration et d'exploitation pétrolière. Il apparaît de la sorte que ce sont ces droits que la Chine qualifie comme historiques et que la ligne en neuf segments entend consacrer[109].

98 La question est, alors, de savoir si ces droits historiques ont été régulièrement constitués pour être valablement invoqués par la Chine et, par la suite, être opposables aux Etats tiers. Il convient de souligner que les conditions de constitution des droits historiques ne figurent pas dans les Conventions relatives au droit de la mer, qu'il s'agisse des Conventions de Genève de 1958 ou de la Convention de 1982. Cependant, il est généralement entendu que les exigences posées par l'étude de 1962 du Secrétariat Général de l'ONU trouvent à s'appliquer en matière de consolidation des droits historiques. Ces exigences concernent, d'une part, l'exercice d'actes d'autorité sur la zone par l'Etat qui la revendique ; d'autre part, la continuité de l'exercice de ces actes d'autorité et, enfin, l'attitude des autres Etats[110].

99 Or, si la Chine peut justifier de l'exercice d'actes d'autorité dans la zone de la mer de Chine méridionale couverte par sa carte relative à

[109] Sur ces concessions pétrolières, cf. Limits in the Seas, Décembre 2014, Pp. 17-19 ; Affaire du différend entre les Philippines et la Chine, Sentence arbitrale du 12 juillet 2016, para. 207-211.
[110] Cf. ACDI, 1962, vol. II, para. 125-130.

la ligne en neuf segments, en revanche, ces actes n'ont jamais été acceptés par les Etats tiers intéressés. En effet, l'attitude des autorités chinoises dans la zone couverte par la ligne en neuf segments traduit exactement le fait qu'elles y exercent des actes d'autorité. Cependant, l'exercice de ces actes n'est pas accepté par les autres Etats riverains. De fait, le consentement de ceux-ci est une condition indispensable à la consécration des droits historiques[111]. Il en résulte que, en l'absence de ce consentement des Etats tiers de la région concernée, les revendications chinoises relatives à des droits historiques dans la zone de la mer de Chine méridionale ne sauraient être opposables aux autres Etats riverains.

100 En tous les cas, il y a lieu de noter que le seul fait pour un Etat d'exercer sur une zone maritime certaines activités ne saurait en lui-même entraîner la constitution de droits historiques lorsqu'il apparaît que la zone initialement concernée par de telles activités est attribuée à un autre Etat. Dans le différend entre les Etats-Unis et le Canada, la Cour internationale de justice devait rejeter les prétentions des Etats-Unis portant sur la poursuite de la pêche dans la zone de pêche instituée par le Canada, alors même que cette zone relevait auparavant de la haute mer[112]. Il est vrai, toutefois, que les Etats-Unis ne fondaient pas leur prétention sur l'existence de droits historiques *stricto sensu.*

101 Sans doute s'est-il trouvé une juridiction internationale qui a admis l'existence de droits historiques de pêche. En effet, dans le différend entre Erythrée et Yémen, le Tribunal arbitral avait considéré que les populations des deux Etats bénéficiaient du régime traditionnel de pêche dans les zones attribuées au Yémen et où elles avaient l'habitude de pratiquer de telles activités[113]. Cependant, cette

---

[111] Voir, par exemple, C. Symmons, Historic Waters in the Law of the Sea : A Modern Reappraisal, op. cit. p. 145. Cf. en outre, Pp. 285-287.

[112] CIJ, affaire de la délimitation maritime dans la région du golfe du Maine, Canada/Etats-Unis, Arrêt du 12 octobre 1984, para. 233-235. La Chambre de la Cour soulignait, à ce propos, que « Il est évident que toute situation privilégiée qui aurait pu exister auparavant en faveur des Etats-Unis n'est pas en soi une raison valable pour que ceux-ci puissent prétendre aujourd'hui inclure dans leur propre zone exclusive de pêche une zone qui, en droit, serait devenue partie de la zone exclusive de pêche du Canada », ibid. para. 235.

[113] Affaire du différend entre Erythrée et Yémen, première étape de la procédure : souveraineté territoriale et champ du différend, Erythrée/Yémen, Sentence arbitrale du 9 octobre 1998, para. 126 et para. 525-526. Voir également, affaire

consécration des droits historiques en matière de pêche n'était pas fondée sur la Convention de 1982 sur le droit de la mer. Le Tribunal arbitral avait trouvé dans les relations bilatérales des deux Etats la source des droits qu'il avait consacrés. Il s'agit, par conséquent, du droit international général. Au demeurant, ce même fondement avait été consacré par la Cour internationale de justice en l'affaire du plateau continental[114].

102 A partir de cette indication, la doctrine proche des autorités chinoises considère que les droits historiques de la Chine couverts par la ligne en neuf segments trouvent leur source en dehors de la Convention de 1982 sur le droit de la mer. C'est ainsi qu'il a été soutenu que « the nine-dash line does not contradict the obligations undertaken by China under UNCLOS ; rather, it supplements what is provided for in the Convention … China's historic title and rights … have a continuing role to play"[115]. Certes une telle idée a été contestée au motif que les dispositions de la Convention doivent toujours prévaloir[116].

103 En réalité, il est vrai que, outre les dispositions des articles 10, paragraphe 6 et 15, d'autres dispositions de la Convention de 1982 renvoient aux droits historiques en matière de pêche. Il en est ainsi des articles 51, paragraphe premier et 62, paragraphe 3. Toutefois, bien que la Convention ait entendu mettre en place un système juridique complet des océans, elle a prévu elle-même l'hypothèse d'une lacune en renvoyant au droit international général. Précisément, les questions relatives aux droits historiques n'ont pas été traitées par la Convention de 1982 sur le droit de la mer. Il s'ensuit que c'est dans le droit international général qu'elles doivent être résolues.

du différend entre Erythrée et Yémen, seconde étape de la procédure : délimitation maritime, Sentence arbitrale du 17 décembre 1999, para. 95.

[114] CIJ, affaire du plateau continental, Tunisie/Libye, Arrêt du 24 février 1982, RACIJ, 1982, para. 100.

[115] Zhiguo Gao and Bing Bing Jia, The Nine-Dash Line in the South China Sea : History, Status and Implications, op. cit. p. 99 et p. 123. Ces auteurs ajoutaient que la Convention de 1982 « was never intended, even at the time of its adoption, to exhaust international law. On the contrary, it has provided ample room for customary law to develop and to fill in the gaps that the Convention itself was unable to fill in 1982", Ibid. p. 123.

[116] Cf. Limits in the Seas, décembre 2014, Pp. 20-22.

104 De fait, la ligne en neuf segments chinoise est tenue de se conformer aux prescriptions du droit international général en la matière. Or, justement, cette ligne ne satisfait nullement à ces prescriptions. Car la ligne en neuf segments n'obéit pas aux conditions posées par le droit international général en matière de constitution des droits historiques. Dans ces conditions, la ligne en neuf segments ne saurait être opposée aux Etats riverains de la mer de Chine méridionale[117].

105 Il apparaît ainsi que la ligne chinoise en neuf segments ne correspond nullement aux prescriptions du droit international conventionnel ou coutumier. Mais, d'une manière générale, il y a lieu de relever que le droit international n'est pas non plus observé s'agissant des lignes de base.

---

[117] Voir également, Robert Beckman, The UN Convention on the Law of the Sea and the Maritime Disputes in the South China Sea, AJIL, 2013, spécialement Pp. 152-158.

CHAPITRE DEUXIEME : LES LIGNES DE BASE EN MER DE CHINE

106 La mer de Chine présente la particularité d'être entourée d'Etats continentaux et d'Etats constitués d'îles. Cependant, au cœur même de cette mer, se rencontre une pluralité de formations insulaires qui font l'objet de réclamations de souveraineté par les Etats riverains. Il existe de la sorte, entre ces mêmes Etats, des différends de souveraineté territoriale et des différends relatifs aux droits maritimes générés par ces îles. Ainsi se développe une compétition entre ces Etats en ce qui concerne leurs étendues maritimes. Cependant, une telle compétition n'a pas empêché que des accords de délimitation maritime soient conclus entre certains Etats riverains de la mer de Chine. Il en est ainsi de l'accord entre la Malaisie et l'Indonésie, du Viet Nam et la Malaisie, du Viet Nam et l'Indonésie et de Brunei et la Malaisie en mer de Chine méridionale. Dans la partie septentrionale de la mer de Chine, le Japon et la Corée du Sud sont parvenus à un accord de délimitation de leur mer territoriale dans le détroit de Tsushima.

107 Toutefois, il convient d'observer que ces accords de délimitation maritime ne font, en réalité, que poser la question des lignes de base. En effet, les lignes de base sont déterminantes à la fois dans la délinéation des espaces maritimes par un Etat unilatéralement et dans la délimitation des frontières maritimes. Car la ligne de délimitation – ligne médiane ou ligne d'équidistance – est construite à partir de ces lignes. De fait, les points de base qui définiront la ligne géométrique de délimitation sont identifiés le long des lignes de base choisies par l'Etat côtier. Autrement dit, les segments des lignes de base permettent d'identifier les points de base. Dès lors, les lignes de base, qui constituent le point de départ pour mesurer la largeur des zones maritimes, vont exercer un rôle important aussi bien dans l'opération de délinéation que de délimitation maritime.

108 A cet égard, les dispositions de l'article 5 de la Convention de 1982 sur le droit de la mer prévoient que la laisse de basse mer constitue la ligne de base normale. Il n'est dérogé à cette ligne que dans le cas où la côte de l'Etat riverain est « profondément échancrée et découpée, ou s'il existe un chapelet d'îles le long de la côte, à proximité immédiate de celle-ci »[118]. Précisément, en présence d'une telle configuration côtière, l'article 7 de la Convention renvoie à l'application des lignes de base droites. Néanmoins, s'agissant des archipels, les lignes de base archipélagiques tracées à partir de lignes de base droites représentent la ligne de base normale[119]. De plus, en raison de la présence des formations insulaires en mer de Chine, la question de leurs lignes de base va également se poser.

109 Or, il convient de souligner que les prescriptions de l'article 5 de la Convention de 1982 sur la mer ne sont pas suivies par les Etats riverains de la mer de Chine. C'est, par conséquent, une mauvaise pratique qui a été développée en mer de Chine (section première). Par ailleurs, le Tribunal arbitral constitué dans le différend entre les Philippines et la Chine ayant défini le statut des formations insulaires de la mer de Chine, il conviendra d'analyser la question des lignes de base en ce qui concerne ces formations maritimes (section seconde).

[118] Article 7, paragraphe premier de la Convention de 1982 sur le droit de la mer.
[119] Article 47, paragraphe premier, de la Convention de 1982 sur le droit de la mer.

SECTION PREMIERE : LES MAUVAISES PRATIQUES DES ETATS EN MER DE CHINE

110 A l'exception du Japon, de l'Indonésie, de Taïwan et des Philippines qui sont constitués par des îles, les autres Etats riverains de la mer de Chine sont exclusivement des Etats continentaux. Ainsi, les premiers seraient-ils en droit d'adopter la méthode des lignes de base archipélagiques. De fait, des quatre Etats précités, seules l'Indonésie et les Philippines ont choisi le statut d'Etat archipel. Le Japon et Taïwan ne sont pas définis comme étant des Etats archipels au sens juridique, alors même que, d'un point de vue géographique, ce sont des Etats archipels. En revanche, les seconds, qui sont donc des Etats continentaux, ne devraient être admis qu'à retenir les lignes de base normales, c'est-à-dire la laisse de basse mer. Il ne pourrait en aller autrement que si les conditions posées par l'article 7 de la Convention de 1982 sur le droit de la mer sont remplies. Dès lors, il y a lieu d'examiner les pratiques des Etats riverains de la mer de Chine quant à la détermination de leurs lignes de base droites (paragraphe premier) avant d'étudier l'utilisation des lignes de base archipélagiques (paragraphe second).

PARAGRAPHE PREMIER : LA PRATIQUE DES LIGNES DE BASE DROITES EN MER DE CHINE

111 Une simple vue sur la carte de la mer de Chine permet de constater que les côtes continentales des Etats riverains ne sont pas particulièrement échancrées et découpées ou qu'elles sont longées d'îles frangeantes. En effet, ces côtes ne sont pas marquées par des accidents géographiques majeurs qui soient de nature à les caractériser comme étant profondément échancrées et découpées. De la même manière, la proximité immédiate de ces côtes ne comporte pas un système d'îles frangeantes. Dans ces conditions, c'est le système des lignes de base normales prévu à l'article 5 de la Convention de 1982 sur le droit de la mer qui aurait dû trouver une application générale. Or, les Etats continentaux de la mer de Chine méridionale ont, dans leur majorité, choisi les lignes de base droites en vue de définir leurs zones maritimes. Un tel comportement n'induit pas en lui-même que le résultat obtenu par l'utilisation de lignes de basse mer soit homogène. D'un Etat à un autre, ce résultat sera différent lorsqu'il apparaîtrait que chacun des Etats intéressés a utilisé une mesure différente de marée basse[120]. En réalité, ces variations, dues à l'utilisation d'une mesure distincte de la laisse de basse mer, ne seront guère significatives dans l'accroissement des zones maritimes des Etats côtiers. C'est pourquoi, afin de réaliser leurs nationalismes maritimes[121], les Etats côticrs préfèrent recourir à la technique des lignes de bases droites qui leur assure la maîtrise d'immenses étendues maritimes. Cette tendance est vérifiée également en ce qui concerne les Etats riverains de la mer de Chine[122]

112 C'est ainsi que le Viet Nam allait définir un système de lignes de base droites sur toute l'étendue de sa côte continentale[123]. De fait, l'application de ce système de lignes de base aboutira à ce que le Viet Nam intègre dans ses eaux intérieures des îles qui, non seulement étaient éloignées les unes des autres, mais également celles qui se trouvaient à une distance très appréciable de son territoire continental. Or, lorsque la Cour internationale de justice avait consacré le système des lignes de base droites, elle s'interrogeait sur la question de savoir « si certaines étendues de mer situées en-deçà de ces lignes étaient suffisamment liées au domaine terrestre pour être soumises au régime

---

[120] Sur ces différences et variations, cf. W. M. Reisman and G. S. Wasterman, Straight Baselines in International Maritime Boundary Delimitation, MacMillan, 1992, Pp. 3-10.

[121] Sur le phénomène du nationalisme maritime, cf. L. Lucchini et M. Vœlckel, Les Etats et la mer. La nationalisme maritime, Paris, La Documentation française, Notes et Etudes documentaires, n° 4451-4452, 1977, p. 463 p.

[122] Il n'y a que la Malaisie qui a adopté un comportement étrange. Cet Etat a défini les limites extérieures de ses zones maritimes, sans indiquer le système retenu à cet effet. Voir, Mark J. Valencia, Validity of Malaysia's Baselines and Territorial Sea Claim in the Northern Malacca Strait, Mar. Pol. 2003, p. 367 et s. ; Clive Schofield and May Tan-Mullins, Claims, Conflicts and Cooperation in the Gulf of Thailand, Ocean YearBook, 2008, Pp. 75-87.

[123] Ce système de lignes de base droites procède d'une législation adoptée par le Viet Nam en date du 12 mai 1977 et rendu applicable par une autre législation en date du 12 novembre 1982. Cf. www.un.org/depts/los/LEGISLATIONANDTREATIES/PDFFILES/VNM_1977_Statement.pdf et www.un.org/depts/los/LEGISLATIONANDTREATIES/PDFFLES/VNM_1982_Statement.pdf

des eaux intérieures »[124]. C'est cette exigence qui a été reprise dans l'article 7, paragraphe 3 de la Convention de 1982 sur le droit de la mer. Il apparaissait de la sorte que les lignes de base droites tracées par le Viet Nam ne correspondaient nullement aux dispositions de la Convention de 1982 sur le droit de la mer.

113 Ainsi se justifiaient les critiques suscitées par le tracé de ces lignes de base droites. La critique la plus articulée qui a été formulée à l'encontre de ces lignes est celle émise par le Gouvernement américain. A cet effet, il était relevé que « Several of the island basepoints used by Vietnam are at considerable distance from the mainland. This is particularly true of the Tho Chu Archipelago, the Con Dao group, and the Phu Quy group (Catwick Islands), all of which are at least 50 nm from the mainland and neighboring islands groups [, and the main segments of which are 99 -160 nm long]"[125].

114 Une telle critique venait montrer que le Viet Nam avait adopté un système de lignes de base droites qui n'était pas seulement inadéquat dans son tracé, mais surtout inapproprié au regard de la géographie côtière de cet Etat. Car, pour recourir aux lignes de base droites, il ne suffit pas seulement d'avoir une côte ou une façade maritime accidentée. Encore faut-il que cette façade maritime puisse être « profondément échancrée et découpée ou [qu]'il existe un chapelet d'îles le long de la côte, à proximité immédiate de celle-ci »[126]. De fait, la configuration côtière du Viet Nam ne prouve nullement l'existence d'un chapelet d'îles à proximité immédiate. Cette indication renvoie à la présence de formations insulaires dans l'environnement immédiat de la côte continentale de sorte que, par cette présence, les îles en cause viennent naturellement constituer la côte de l'Etat riverain en s'y intégrant. Telle est la notion d'îles frangeantes. Or, en raison de leur éloignement de la côte continentale du Viet Nam, les îles en cause – Dao Tho Chu, Hon Khoai, Con Dao et Phu Qui group (Chatwick Islands) – ne forment pas la côte du Viet Nam. Elles ne sont donc pas frangeantes. En dépit de leurs positions géographiques très éloignées de la côte continentale du Viet Nam, ces

[124] CIJ, affaire des pêcheries, Royaume-Uni c. Norvège, Arrêt du 18 décembre 1951, RACIJ, 1951, p.133.

[125] J. Ashley Roach and R. Smith (eds), Excessive Maritime Claims, op. cit. p. 60. Voir, en outre, Limits in the Seas, décembre 1983, p. 5 et s.

[126] Article 7, paragraphe premier de la Convention des Nations Unies de 1982 sur le droit de la mer.

îles ont été utilisées comme points de base pour la définition de la largeur des zones maritimes vietnamiennes obtenues à partir de lignes de base droites.

115 Par ailleurs, la côte continentale du Viet Nam ne constitue pas une côte qui peut être qualifiée comme étant « profondément » échancrée et découpée. Si elle présente certaines échancrures, celles-ci sont si légères pour justifier l'épithète de profondes. Au demeurant, même dans le détroit du Mékong où la côte pourrait être caractérisée comme profondément échancrée et découpée, au sens de l'article 7, paragraphe premier de la Convention de 1982 sur le droit de la mer, le système des lignes de base droites retenu par le Viet Nam aboutit à traiter en tant que eaux intérieures des eaux qui ne sont pas suffisamment liées au domaine terrestre pour être soumises au régime des eux intérieures[127]. Or, un tel résultat est la conséquence nécessaire de l'utilisation de points de base situés sur des îles qui sont situées très loin de la côte continentale du Viet Nam. Il s'ensuit que, d'une part, le système des lignes de base droites ainsi défini ne traduit plus avec pertinence la direction générale de la côte du Viet Nam et, d'autre part, de tels points de base ne sont donc pas des points appropriés[128].

116 Sans doute a-t-il été souligné que ces critiques ne faisaient que traduire une certaine interprétation conservatrice des dispositions de l'article 7 de la Convention de 1982 sur le droit de la mer et que les îles ainsi incluses par le Viet Nam dans ses lignes de base droites étaient susceptibles de générer par elles-mêmes des espaces maritimes propres[129]. Néanmoins, il y a lieu de noter que l'inclusion des îles par le Viet Nam dans ses lignes de base droites a eu pour effet d'avancer, de façon significative, la ligne intérieure de sa mer territoriale. Il en résulte, d'une part, un accroissement de la superficie de ses eaux intérieures et, d'autre part, une extension de sa mer territoriale, dès lors que la limite extérieure de celle-ci est repoussée vers le large. C'est donc manifestement une mauvaise pratique que le Viet Nam a

---

[127] Voir, en outre, W. M. Reisman and G. S. Wasterman, Straight Baselines in International Maritime Boundary Delimitation, op. cit. Pp. 133-136.

[128] Cf. Article 7, paragraphe 2ème, de la Convention de 1982 sur le droit de la mer.

[129] C. Schofield, Defining 'the Boundary' Between Land and Sea : Territorial Sea Baselines in the South China Sea, in S. Jayakumar, T. Koh and R. Beckman (eds), The South China Sea Disputes and Law of the Sea, op. cit. Pp. 47-48.

consacrée avec l'adoption de son système de lignes de base droites[130]. Pourtant, le même comportement se retrouve chez les autres Etats riverains.

117 C'est également une telle mauvaise pratique qui caractérise l'action de la Chine en mer de Chine. En effet, par une législation en date du 25 février 1992, la Chine a défini son système lignes de base en retenant des lignes de base droites[131]. Ces lignes de base droites concernent la côte continentale chinoise ainsi que l'île Hainan et les îles Paracel en mer de Chine méridionale[132]. Par la suite, une autre législation adoptée par la Chine le 10 septembre 2012 allait définir des lignes de base droites incluant les îlots Senkaku/Diaoyu/Tiaoyu en mer de Chine orientale. Il apparaît ainsi que c'est uniquement autour des îles Spratly que la Chine n'a toujours pas indiqué les lignes de base qu'elle aurait retenues en ce qui concerne ces formations insulaires qu'elle revendique.

118 Pourtant, la question se pose clairement de la pertinence d'un système de lignes de base droites qui englobe l'intégralité de la côte continentale chinoise. Car, l'examen de la côte continentale chinoise fait apparaître des segments importants où, il est incontestable, cette côte est échancrée et découpée ou parsemée de formations insulaires frangeantes. Aussi l'usage des lignes de base droites pour ce qui concerne ces sections côtières est-il justifié. Mais tel n'est pas le cas de toute l'étendue de la côte chinoise. Il existe certaines sections importantes de cette côte qui ne sont pas affectées par de profondes échancrures et qui seraient profondément découpées. De la même

[130] Il y a lieu de noter que le Viet Nam n'a pas défini le système des lignes de base droites dans le golfe de Tonkin où ses zones maritimes se chevauchent avec celles de la Chine (le segment A9-A10 qui est le dernier des lignes de base droites du Viet Nam se termine bien avant le point ultime de la côte septentrionale de cet Etat). En l'absence d'indication contraire, c'est le système des lignes de base normales, c'est-à-dire la laisse de basse mer qui devrait trouver à s'appliquer.

[131] Sur la législation chinoise relative au système chinois des lignes de bases droites, cf. www.un.org/Depts/los/LEGISLATIONANDTREATIES/PDFFILES/CHN_1992_Law;pdf ; Limits in the Seas, n° 117, 1996.

[132] En réalité, ce sont les lignes de base droites définies en 1992 qui ont été étendues aux îles Paracel en date du 15 Mai 1996. Voir, www.un.org/Depts/los/LEGISLATIONANDEATIES/PDFFILES/CHN_1996_Declaration.pdf.

façon, l'existence d'îles frangeantes ne caractérise que certaines portions de la côte de la Chine en mer de Chine. Dans ces conditions, le recours à un système de lignes de base droites perd toute justification raisonnable, lorsqu'il est appliqué sur toute l'intégralité de la côte chinoise.

119 Cette indication tend à prouver que la rédaction technique et très précise de l'article 7 de la Convention de 1982 sur le droit de la mer n'a pas permis de mettre un terme aux pratiques étatiques consistant en des interprétations unilatérales et libres par les Etats côtiers de ces dispositions. Il en résulte une mise en œuvre « very flexible and liberal »[133] qui conduit à des lignes de base droites en lieu et place des lignes de base normales ou alors à des lignes de base droites dont le tracé est exagérément en faveur de l'Etat riverain. A l'évidence, les lignes de base droites adoptées par la Chine constituent une véritable traduction de cette situation.

120 De fait, l'adoption par la Chine du système des lignes de base droites aboutit à ce que des eaux qui n'ont pas de lien suffisant avec le domaine terrestre vont se retrouver soumises au régime des eaux intérieures. Et, à cet égard, il avait été souligné que les segments des lignes tracées par la Chine utilisaient des points de base constitués, soit de formations géographiques qui n'avaient pas le statut d'île, conformément à l'article 121 de la Convention de 1982 sur le droit de la mer, soit que ces rochers ou îlots se trouvaient à une distance très éloignée du territoire continental chinois[134]. Ainsi, non seulement ces formations insulaires ne constituaient-elles pas des îles frangeantes, mais en outre, il ne s'agissait pas de véritables îles. Par ailleurs, la façade maritime même de la Chine, à plusieurs endroits, n'était ni échancrée ni découpée. En définitive, l'utilisation de la ligne de laisse de basse mer aurait été plus appropriée. Enfin, il y a lieu d'observer que, une conséquence importante de l'utilisation des lignes de base droites par la Chine dans la région de Hainan, est de fermer à la navigation internationale le détroit de Hainan.

121 Par la suite, la Chine allait définir des lignes de base droites autour des îles Paracel. Or, il y a lieu de rappeler que la Cour

[133] Voir C. Schofield, Defining the 'Boundary' between Land and Sea : Territorial Sea Baselines in the South China Sea, in S. Jayakumar, T. Koh and R. Beckman (eds), The South China Sea Disputes and Law of the Sea, op. cit., p. 33.

[134] Cf. Limits in the Seas, juillet, 1996 n° 117, Pp. 4-8.

internationale de justice avait déjà indiqué, à propos de Bahreïn qui se présentait comme un Etat archipel ou, à tout le moins, un Etat pluri-insulaire, que « Le fait qu'un Etat se regarde comme un Etat pluri-insulaire ou un Etat archipel de facto ne l'autorise pas à s'écarter des règles normales de détermination des lignes de base, à moins que les conditions voulues soient remplies »[135]. Il s'ensuit que, pour la Cour l'utilisation des lignes de base archipélagiques ne saurait avoir lieu que dans la mesure où l'Etat intéressé dispose de la qualité ou du statut d'Etat archipel, conformément à l'article 46 de la Convention de 1982 sur le droit de la mer[136].

122 Précisément, la Chine ne saurait relever du statut d'Etat archipel, et, au demeurant, elle ne l'a jamais revendiqué. Dans ces conditions, n'étant pas un Etat archipel, la Chine n'est pas fondée à appliquer aux îles Paracel les lignes de base archipélagiques. En tous les cas, aucune disposition de la Convention de 1982 sur le droit de la mer ne prévoit la possibilité de tirer des lignes de base archipélagiques autour d'une formation géographique qui ne fait pas partie d'un Etat archipélagique[137]. Et ce sont exactement des lignes de base archipélagiques que la Chine a utilisées pour définir les lignes de base des îles Paracel. Sans doute est-il exact que la Chine n'a pas proclamé ou officiellement indiqué qu'elle traçait de lignes de base

---

[135] CIJ, affaire de la délimitation maritime et questions territoriales, Qatar c. Bahreïn, Arrêt du 16 mars 2001, RACIJ, 2001, para. 213. Voir également para. 183.

[136] Le Tribunal arbitral constitué dans le différend entre les Philippines et la Chine ne disait pas autre chose. Cette juridiction soulignait que « In any event, however, even the Philippines could not declare archipelagic baselines surrounding the Spratly Islands. Article 47 of the Convention limits the use of archipelagic baselines to circumstances where within such baselines are included the main islands and an area in which the ratio of the area of water to the area of land, including atoll, is between 1 to 1 and 9 to 1", Sentence arbitrale du 12 juillet 2016, para. 574. La même juridiction poursuivait, en relevant, que "... the Tribunal is aware of the practice of some States in employing straight baselines with respect to offshore archipelagos to approximate the effect of archipelagic baselines. In the Tribunal's view, any application of straight baselines to Spratly Islands in this fashion would be contrary to the Convention", Ibid., para. 575.

[137] Au demeurant, il était souligné par un auteur que, même si une telle possibilité avait existé, les lignes de base tracées par la Chine seraient néanmoins contraires à l'article 47 de la Convention, puisque le rapport entre la superficie des eaux et celle des terres dépasserait le ratio de 9 à 1 prévu par la Convention. Voir, C. Schofield, Defining the 'Boundary' between Land and Sea : Territorial Sea Baselines in the South China Sea, in S. Jayakumar, T. Koh and R. Beckman, (eds), The South China Disputes and Law of the Sea, op. cit., p. 51.

archipélagiques autour des îles Paracel. Néanmoins, ces lignes de base ont été tracées d'une façon qui ne laisse aucun doute quant à leur nature. Ces lignes de base sont tirées de telle sorte qu'elles correspondent aux lignes de base archipélagiques ou, en tous les cas, de façon à maximiser l'effet des lignes de base archipélagiques, comme l'avait déjà souligné le Tribunal arbitral dans le différend entre les Philippines et la Chine. Ainsi, en entourant les îles Paracel de lignes de base, la Chine est-elle parvenue à y définir des lignes de base archipélagiques.

123 Une autre difficulté particulière surgit à propos des lignes de base chinoises autour des Paracel. Les îles Paracel étant composées d'îlots, de rochers et de récifs dont certains ne sont que des formations géographiques qui n'affleurent pas à marée haute, l'utilisation des lignes de base est subordonnée à l'existence des conditions posées par l'article 7 de la Convention de 1982 sur le droit de la mer – tout comme l'utilisation des lignes de base archipélagiques suppose que soit établie l'existence d'un Etat archipel. Or, les autorités chinoises n'ont jamais établi que les formations insulaires composant les Paracel présentaient des côtes qui correspondaient aux prescriptions des articles 7 de la Convention de 1982 sur le droit de la mer afin de fonder le recours aux lignes de base droites. Il apparaît ainsi que, non seulement, faute d'être un Etat archipel, la Chine ne pouvait utilement tracer des lignes archipélagiques autour des îles Paracel, mais, en outre, cet Etat ne saurait justifier l'application des lignes de base droites aux îles Paracel que si elle établissait que les côtes des formations insulaires concernées répondaient exactement aux prescriptions de l'Article 7 de la Convention de 1982 sur le droit de la mer. Dans ces conditions, et quelle que soit la suite du différend relatif à la souveraineté des îles Paracel, il est certain que celles-ci ne sauraient bénéficier que de la ligne de basse normale, la laisse de basse mer.

124 S'agissant des îles Senkaku/Diaoyu/Tiaoyu[138] en mer de Chine orientale, la Chine devait, par une déclaration en date du 10 septembre

---

[138] Il s'agit, en réalité, de deux groupes de d'îlots inhabités auxquels viennent s'agréger de minuscules rochers. Le premier groupe est dénommé Uotsuri Shima ou Diaoyu Dao et le second est appelé Taisho To ou Chiwei Yu. Ces deux groupes d'îlots sont séparés entre eux de près de 47 milles marins. De plus, ils se trouvent à une distance de 177 milles marins des côtes continentales de la Chine,

2012, y définir un système de lignes de base droites. Or, une telle décision ne fait que poser la question de l'aptitude de ces formations insulaires à pouvoir servir comme lignes de base dans la détermination des espaces maritimes ou dans la définition des frontières maritimes. En effet, les îles Senkaku/Diaoyu/Tiaoyu, ne présentent pas les caractéristiques géographiques posées à l'article 7 de la Convention de 1982 sur le droit de la mer pour justifier l'application des lignes de base droites au lieu des lignes de base normales, la laisse de basse mer. D'une part, la géographique côtière de ces îles ne correspond pas à des zones échancrées et découpées. D'autre part, ces îles ne comportent pas de système d'îles frangeantes à proximité immédiate de leurs côtes. Dans ces conditions, l'utilisation des lignes de base droites dans cette perspective n'a d'autres finalités que de réaliser l'extension vers le large de zones maritimes chinoises.

125 De fait, avec le système des lignes de base droites tracées autour des îles Senkaku/Diaoyu/Tiaoyu, la Chine est parvenue à insérer dans ses eaux intérieures, des eaux qui n'ont jamais été considérées comme suffisamment rattachées au domaine terrestre. Or, en raison de l'insertion de ces eaux dans les eaux intérieures de l'Etat côtier, la limite extérieure de la mer territoriale va être repoussée vers le large et il en sera de même pour ce qui concerne les limites extérieures des autres zones maritimes. Tel est l'expansionnisme maritime que réalise le recours aux lignes de base droites.

126 C'est un système de lignes de base droites que Taïwan allait également retenir pour la détermination de ses zones maritimes. La conception de ces lignes de base droites a été guidée par des considérations politiques. En effet, ces lignes de base sont conçues en prenant en considération la volonté politique de Taïwan de représenter toute la Chine, y compris la Chine populaire. Il en résulte que les lignes de base retenues par Taïwan ont l'apparence de lignes archipélagiques, alors même qu'il s'agit de véritables lignes de base droites[139].

127 Il convient de souligner que, en employant le système de lignes de base droites autour de ses principales îles, Taïwan n'a pu résister à

---

93 milles marins des côtes septentrionales de Taïwan et de 188 milles marins des côtes occidentales du Japon – Kume Jima.

[139] Cf. R. W. Smith, Straight Baselines: The Need for a Universally Applied Norm, ODIL, 2000, Pp. 47-65 ; Limits in the Seas, 15 November 2005, n° 127.

la tentation d'inclure dans son système des formations insulaires qui sont éloignées de ses côtes continentales. Dès lors, ce sont de grandes zones maritimes qui vont se retrouver insérées dans les eaux intérieures taïwanaises, alors même qu'elles ne sont pas suffisamment liées au domaine continental de Taïwan pour justifier leur inclusion actuelle dans les eaux intérieures. Ainsi, là où le système de la laisse de basse mer aurait pu/dû se révéler adéquat ou approprié, Taïwan a opté pour les lignes de base droites. Tel est exactement le cas en ce qui concerne les segments 1 à 2, 5 à 6, 8 à 9, 13 à 15 et 17 à 19.

128 L'autre grief qu'il y a lieu d'articuler à l'encontre du système de lignes de base droites retenu par Taïwan est qu'il ne tient pas suffisamment compte des prescriptions de l'article 7 de la Convention de 1982 sur le droit de la mer. Car, le système des lignes de base droites a été appliqué sur toute l'étendue de la côte de Taïwan. Or, plusieurs segments de cette côte ne sont pas profondément échancrés et découpés ou ne comportent pas d'îles frangeantes. Ainsi, Taïwan vient-il confirmer la tendance des Etats côtiers à appliquer systématiquement les lignes de base droites, alors même que toutes les conditions requises pour l'emploi de ces lignes ne sont pas réunies ou ne le sont que partiellement. Cette pratique s'explique par le fait qu'elle aboutit à attribuer à l'Etat côtier de zones maritimes beaucoup plus importantes que ne l'aurait fait l'application de la laisse de basse mer. Certes une telle pratique est suivie par plusieurs Etats et, spécifiquement, par tous les Etats continentaux de la mer de Chine. Cependant, en dépit de sa constance, il convient de souligner que cette pratique ne constitue nullement une norme de droit international général, puisqu'elle n'est pas acceptée par les autres Etats côtiers. Tel est le cas des Etats-Unis d'Amérique qui, de façon persistante, contestent cette pratique. Par ailleurs, les Etats-Unis retiennent eux-mêmes, pour la détermination de la largeur de leurs zones maritimes, la laisse de basse mer comme ligne de base. Aussi la pratique de Taïwan ne constitue-t-elle rien d'autre qu'une mauvaise pratique, laquelle est contraire à la règle prescrite à l'article 7 de la Convention de 1982 sur le droit de la mer.

129 Il convient de noter également que Taïwan a défini des lignes de base droites sur des formations géographiques contestées. Il en est ainsi des îles Senkaku/Diaoyu/Tiaoyu, des îles Pratas[140] et de Macclesfield Bank[141].

130 Avec une côte profondément échancrée et découpée ainsi que comportant des îles frangeantes, la Corée du Sud allait définir un système de lignes de base droites pour la détermination de ses espaces maritimes[142]. Ainsi, la critique articulée à l'encontre de la Corée du Sud ne porte-t-elle pas sur l'application des lignes de base droites. Elle porte sur la manière dont ces lignes ont parfois été tirées. En réalité, la Corée du Sud à procéder à une combinaison de lignes : lignes de base droites, lignes de laisse de basse mer et ligne de fermeture de baie.

131 Ainsi, les deux premiers segments constituent-ils des lignes de fermeture de baies répondant aux critères de l'article 10 de la Convention de 1982 sur le droit de la mer. Par la suite, les segments se prolongent mais en utilisant, soit des formations géographiques isolées autour desquelles il n'y a pas d'autres îles, soit de petites îles ou encore des îles qui se retrouvent très éloignées de la côte continentale. Or un système pertinent de lignes de base droites aurait pu être tiré en intégrant uniquement les îles frangeantes.

132 Il s'agit d'îles qui constituent la côte même de la Corée du Sud. Il apparaît, à l'évidence, que la volonté de la Corée du Sud a été d'insérer dans son système de lignes de base la presque totalité des formations insulaires sur lesquelles elle exerce sa pleine souveraineté[143]. Mais telle n'est pas la finalité des lignes de base droites. Avec les lignes de base droites, il s'agit simplement de soumettre au régime des eaux intérieures, des eaux qui sont suffisamment rattachées au domaine terrestre de l'Etat côtier. Précisément, les îles isolées ou celles qui sont très éloignées de la côte

---

[140] S'agissant des îles Pratas, Taïwan a retenu deux segments correspondant, l'un, à une ligne de droite et l'autre, à la laisse de basse mer

[141] En ce qui concerne Macclesfield Bank, Taïwan allait définir la laisse de basse mer. Il y a lieu de relever que cette formation est, en réalité, un haut-fond découvrant.

[142] Il s'agit d'une législation en date du 31 décembre 1977 ; Limits in the Seas, n° 82, janvier 1979. Cette législation a été modifiée par une autre en date du 6 décembre 1995 ; Limits in the Seas, n° 121, septembre 1998.

[143] Ne sont pas comprises dans ce système de lignes de base droites, les îles Jeju et Ulleungdo. Mais ce sont de grandes îles qui devraient bénéficier de leurs propres lignes de base.

de l'Etat ne justifient pas une telle inclusion dans le système des lignes de base droites.

133 Toute autre a été la démarche du Japon. Par une législation en date du 20 juillet 1996, le Japon allait adopter le système de lignes de base droites pour la détermination de ses zones maritimes[144]. Alors même que ses côtes ne sont ni échancrées et découpées ni ne comportent des îles frangeantes, le Japon a néanmoins recouru au système de lignes de base droites pour déterminer la largeur de ses zones maritimes. C'est ainsi que dans le secteur de Hokkaido – segments 1 à 12 – la côte japonaise n'est pas profondément échancrée et découpée et ne possède pas d'îles frangeantes Pourtant, des lignes de base droites ont été retenues et, elles ont été utilisées, en outre, pour relier de petites îles. Sans doute la ligne de fermeture de la baie – segment 10 à 11 – est-elle justifiée, cependant, c'est la ligne de base normale qui apparaît pertinente dans cette situation. Au demeurant, c'est cette ligne qui a été retenue dans le segment 12.

134 Dans le secteur de la côte Nord-Est de Honshu, il y a lieu de noter la ligne de fermeture de la baie de Kuji. En revanche, la géographie côtière y est telle que c'est encore la laisse de basse mer qui aurait dû être utilisée. Car, la façade maritime ne comporte pratiquement pas d'échancrures et elle ne possède pas d'îles frangeantes. Il faut attendre les segments 20 à 22 pour se trouver en présence d'une côte profondément échancrée au sens de la Convention et qui justifie l'application des lignes de base droites. Par la suite, les 4 segments du groupe 3 se rapportent à deux baies. Si la baie de Sagami est délimitée au moyen d'une ligne de fermeture correctement tirée, il en va autrement de la seconde baie, car la ligne de fermeture excède la longueur prévue par l'article 10, paragraphe 5 de la Convention de 1982 sur le droit de la mer[145].

135 Quatre autres segments sont tracés au Sud de la côte de Honshu, dans le groupe 4 des lignes de base droites japonaises. L'observation montre que cette partie de la côte du Japon ne correspond pas aux caractéristiques géographiques qui justifieraient

---

[144] Voir Moritaka Hayashi, Japan, New Law of the Sea Legislation, IJMCL, 1997, Pp. 570-580; Limits in the Seas, n° 120, avril 1998.

[145] Cette disposition prévoit le tracé d'une ligne de base droite de 24 milles marins lorsque la distance entre les laisses de basse mer aux points d'entrée naturels d'une baie excède 24 milles marins.

l'application des lignes de base droites. Car il s'agit d'une côte qui n'est ni échancrée ni découpée et n'est pas davantage marquée par des îles frangeantes. En revanche, il en va autrement en ce qui concerne le groupe 5. Celui-ci porte sur la partie qui relie le Sud de la côte de Honshu aux îles de Shikoku et Kyushu. L'utilisation des lignes de base droites dans cette zone est conforme aux prescriptions de l'article 7 de la Convention de 1982 sur le droit de la mer. En effet, cette côte comporte des îles frangeantes. Il y a lieu de noter que dans cette zone se trouvent deux détroits internationaux, le détroit de Bungo et le détroit de Shimoneseki.

136 Le groupe 6 qui porte sur Amami-soto, le groupe 7 relatif à la côte Est de Okinawa-Jima et le groupe 8 concernant l'Ouest de la côte de Okinawa-Jima ne sont pas des zones où le tracé des lignes de base droites est pertinent. En réalité, seuls quelques segments utilisant les lignes de base droites peuvent être justifiés. Tel est le cas du segment tiré au Nord de Okinawa-Jima, en raison des récifs frangeants qui y sont localisés.

137 Le groupe 9 des lignes de base droites japonaises est pertinent. En effet, partant de la côte Sud-Est de l'île de Kyushu, il relie plusieurs îles qui se trouvent au Sud-Ouest et à l'Ouest de Kyushu. Les lignes de base droites sont donc tirées sur des îles qui constituent la côte de cette région. Il en va de même à propos du groupe 10 portant sur des segments de lignes de base droites tracées autour de l'île de Tsushima qui scinde le détroit de Corée en canaux Est et Ouest. La présence d'îles à proximité immédiate de la grande île Tsushima permet de justifier l'utilisation des lignes de base droites.

138 Le groupe 11 des lignes de base droites ne paraît pas pertinent. Car, cette partie de la côte japonaise ne comporte pas d'échancrures et il n'y a pas non plus d'îles frangeantes. Cependant, la seule présence de baies entraînant une ligne de fermeture conforme à l'article 10 de la Convention de 1982 sur le droit de la mer ne constitue nullement une raison suffisante au recours à des lignes de base droites pour le reste de la côte. Telle est également la situation du groupe 12. Celui-ci concerne des segments de lignes de base droites tirés sur la côte Nord-Ouest de Honshu. Or, cette côte ne correspond pas aux caractéristiques géographiques requises pour l'application des lignes de base droites.

139 S'agissant du groupe 13 des lignes de base droites du Japon, il convient de noter que les segments retenus partent tout le long de la côte Sud-Ouest de Hokkaido. Toutefois, ces segments sont tracés de telle sorte qu'ils insèrent des eaux qui ne devraient pas être soumises au régime des eaux intérieures, car elles ne sont pas suffisamment liées au domaine terrestre. C'est également le même grief qu'il y a lieu de relever à l'encontre du groupe 14 des lignes de base droites définies par le Japon. Tirées le long de la côte Nord de Etorofu-To[146], ces lignes de base droites ne portent pas sur une côte découpée et échancrée ou possédant des îles frangeantes. Enfin, c'est une observation identique qui peut être soutenue en ce qui concerne le groupe 15 des lignes de base droites japonaises. En effet, les segments de ces lignes ont été tirés autour de Shikotan-To[147]. Cependant, cette île ne présente pas de côte découpée ou échancrée. De même qu'elle ne comporte aucune île frangeante. Dans ces conditions, c'est la ligne de base normale, la laisse de basse mer, qui aurait dû être utilisée.

140 Il apparaît clairement, dans toutes ces situations, que les Etats côtiers recourent plus facilement aux lignes de base droites qu'à la ligne de base normale, la laisse de basse mer. Cette utilisation préférentielle de la ligne de base droite s'explique par le fait que cette ligne permet à l'Etat côtier d'étendre beaucoup plus facilement ses espaces maritimes. Or, ce qui est ainsi vrai en matière de délinéation maritime le sera moins en matière d'établissement des frontières maritimes. Car, en cette matière, le Juge international détermine lui-même les points de base de la délimitation. Autrement dit, ce ne sera pas la ligne de base déterminée par l'Etat côtier qui fournira au Juge international le point de base devant servir à la construction de la ligne de délimitation. Chaque fois, le Juge sera conduit à définir lui-même les points appropriés aux fins de la délimitation maritime.

141 Cette pratique des lignes de base droites sera également adoptée par la Malaisie et le Brunei Darussalam. Il est certain que par un acte en date du 1er mai 2007, la Malaisie a défini le système de lignes de base droites applicable pour la détermination de la largeur de ses espaces maritimes. Cependant, les coordonnées géographiques des points retenues n'ont pas été publiées. Néanmoins, les indications

---

[146] Il s'agit des îles qui sont dans les territoires des îles kouriles occupés par la Russie actuellement.

[147] C'est également un territoire actuellement occupé par la Russie.

fournies par les cartes publiées par la Malaisie sont de nature à permettre de conclure que les lignes de base droites déterminées par cet Etat sont conformes aux prescriptions de l'article 7 de la Convention de 1982 sur le droit de la mer. A l'inverse, Brunei Darussalam n'ayant adopté aucun acte relatif à des lignes de base, ce sont, par conséquent, les dispositions de l'article 5 de la convention de 1982 sur le droit de la mer qui trouveront application. En ce sens, donc, c'est la ligne de base normale, la laisse de basse mer, qui sera applicable pour la détermination des espaces maritimes de cet Etat.

PARAGRAPHE SECOND : LES LIGNES ARCHIPELAGIQUES EN MER DE CHINE

142 L'Indonésie et les Philippines, qui sont, en mer de Chine, les deux seuls Etats archipels au sens de l'article 46 de la Convention de 1982 sur le droit de la mer, ont adopté des lignes de base archipélagiques. Celles-ci se révèlent conformes aux prescriptions de l'article 47 de la Convention de 1982 sur le droit de la mer.

143 S'agissant de l'Indonésie, une première série de ses lignes de base archipélagiques avait été faite en 1960, c'est-à-dire à un moment où la notion de lignes de base archipélagiques n'était pas encore consacrée en droit international[148]. Au demeurant, l'article 47 de la Convention a été conçu en regard du système de lignes de base définies par l'Indonésie. A la suite de l'adoption de la Convention de 1982 sur le droit de la mer, l'Indonésie allait régulièrement réviser ses lignes de base archipélagiques[149]. La version de ces lignes de base, actuellement en vigueur, résulte d'une législation de 2009[150].

---

[148] Voir Limit in the Seas, 1971, n° 35.

[149] La première version date du 8 août 1996, cf. www.un.org/Depts/los/LEGISLATIONANDTREATIES/PDFFILES/IDN_1996_Act.pdf
La deuxième version procède d'une législation en date de 2008, voir Clive H. Schofield and Andi Arsana, Closing the Loop : Indonesia's Revised Archipelagic Baselines System, 2009, AJMOA, 2009, Pp. 57-62. Il convient de noter que l'Indonésie avait retenu un système de lignes de base applicables en mer de Natuna en 1998 ; voir

144 En tous les cas, il est intéressant de noter que, quoique dans ses relations avec le Viet Nam, l'Indonésie ait toujours insisté pour que les îles Natuna reçoivent plein effet dans la délimitation de la frontière maritime entre les deux Etats, les lignes archipélagiques indonésiennes ont été définies de façon à insérer, non seulement les archipels indonésiens, mais également l'ensemble des îles constituant les Natuna. Ainsi, bien que situées loin des autres îles formant l'archipel de l'Indonésie et donc ne faisant pas partie de cet archipel, les îles Natuna sont-elles entourées par des lignes de base archipélagiques. Ce procédé permet donc de souligner que l'article 47 de la Convention de 1982 sur le droit de la mer n'interdit nullement à un Etat archipel de tracer des lignes de base archipélagiques autour de chacun de ses archipels. Cette solution est pertinente. Elle évite qu'un Etat archipel puisse tirer des lignes de base archipélagiques entre des formations géographiques qui seraient très éloignées les unes des autres. Ce qui pourrait donner lieu à des lignes de base dont la longueur serait supérieure à 100 milles marins ou à 125 milles marins. De telles longueurs feraient que les lignes en cause ne seraient plus conformes aux prescriptions de l'article 47, paragraphes 1 et 2 de la Convention de 1982 sur le droit de la mer. Dès lors, pour parvenir à un résultat qui soit conforme à la Convention, la solution résidait dans la possibilité reconnue aux Etats archipels de tirer des lignes droites archipélagiques autour de chacune de leurs formations insulaires. Telle est, par conséquent, la solution adoptée par l'Indonésie à propos des îles Natuna.

145 Cependant, l'adoption de cette solution implique que chacune des formations insulaires concernées puisse réunir les conditions posées par les articles 46 et 47, paragraphes premier et deuxième de la Convention de 1982 sur le droit de la mer. En effet, dans la mesure où il s'agit de tracer des lignes de base archipélagiques, il est indispensable que les formations géographiques en cause soient exactement des îles constituées en archipel. Ainsi, dans le cas de l'Indonésie, les îles Natuna justifient-elles la qualité d'archipel, puisqu'il s'agit d'un ensemble de formations insulaires étroitement liées entre elles de façon à constituer une unité géographique ou

---

www.un.org/Depts/los/LEGISLATIONANDTREATIES/PDFFILES/IDN_1998_Regulation61.pdf.

[150] Cf. www.un.org/Depts/los/LEGISLATIONANDTREATIES/STATEFILES/IDN.htm.

économique et politique. Et cet archipel est exactement lié à l'Indonésie tant au point vu politique que de son économie. Dans ces conditions, l'utilisation des lignes de base archipélagiques insérant chacun de ces archipels est pertinente.

146 En ce qui concerne les Philippines, l'établissement des lignes archipélagiques remonte à 1961[151]. Cette législation en date du 17 juin 1961 a été par la suite modifiée le 18 septembre 1968[152]. Sans doute, est-ce une conséquence de l'antériorité de cette législation par rapport à l'adoption de la Convention de 1982 sur le droit de la mer, qui justifie que la législation philippine, telle qu'elle procède de la révision en date du 10 mars 2009[153], se réfère-t-elle aux lignes de base droites. Or, tel n'est pas le cas ; il s'agit véritablement de lignes de base archipélagiques, puisqu'elles insèrent la totalité des îles constituant l'archipel des Philippines. De plus, il convient d'observer qu'une des lignes de base définie par les Philippines pour la fermeture du golfe de Moro mesure plus de 141 milles marins. Or, la longueur maximale des lignes de base archipélagiques est de 100 milles marins et, seules 3 % des lignes retenues peuvent excéder cette longueur, sans jamais dépasser 125 milles marins.

147 Par ailleurs, il y a lieu de souligner que les Philippines ont retenu le système consistant à appliquer les lignes de base archipélagiques en ce qui concerne tout l'archipel. En revanche, s'agissant des îles revendiquées dans les Spratly et de Scarborough Shoal, c'est le régime des îles que les Philippines appliquent à ces formations géographiques. Il en résulte que, en tant qu'Etat archipel, les Philippines ont défini des lignes de base archipélagique autour de l'archipel qu'elles forment et le régime des îles trouvera application quant aux formations insulaires qui sont l'objet de revendication concurremment avec la Chine. Car, il paraissait hasardeux d'appliquer aux îles le système des lignes de base archipélagiques, alors même qu'il est certain, surtout depuis la sentence rendue par le Tribunal arbitrale constitué dans le différend entre les Philippines et la Chine,

---

[151] Voir www.un.org/Depts/los/LEGISLATIONANDTREATIES/PDFFILES/PHIL_1961_Act.pdf.

[152] Cf. www.un.org/Depts/los/LEGISLATIONANDTREATIES/PDFFILES/PHL_1968_Act.pdf.

[153] Cf. Law of the Sea Bulletin, 2000, p. 32.

que toutes les formations géographiques situées dans les Spratly ainsi que Scarborough Shoal ne remplissaient pas les conditions requises pour être qualifiées d'îles au sens de l'article 121 de la Convention de 1982 sur le droit de la mer[154].

148 Ces indications montrent que la question des lignes de base archipélagiques est bien perçue et résolue en mer de Chine. Pour s'en convaincre, il suffit de souligner la position de la Chine consistant, d'une part, à rejeter la qualification de lignes de base archipélagiques au sujet des lignes qu'elle a tracées dans les Paracel et, d'autre part, à adopter, pour les lignes en cause, l'appellation de lignes de base droites. Cette situation tend à prouver que c'est la question des lignes de base droites qui soulève des difficultés. Mais, ces difficultés vont se révéler particulièrement déterminantes, dès lors que le statut des formations insulaires en cause en mer de Chine a été fixé par la sentence arbitrale du Tribunal arbitral constitué dans le différend entre les Philippines et la Chine. Car, si la question du statut de la ligne en neuf segments de la Chine constitue un sujet de dissension entre les Etats riverains, la question des îles se révèle également comme étant un point important dans les conflits qui divisent les Etats côtiers de la mer de Chine. En effet, c'est ce statut qui détermine l'aptitude des formations maritimes à générer des zones maritimes. Cependant, à côté de cet aspect de l'intérêt que soulèvent les formations insulaires, il y a la question du rôle de ces formations dans la détermination des zones maritimes. C'est leur statut qui permettra de définir leur contribution à l'établissement des espaces maritimes des Etats riverains. Ce problème va concerner les Spratly et les Paracel.

SECTION SECONDE : LES LIGNES DE BASE DES FORMATIONS INSULAIRES EN MER DE CHINE

149 La sentence arbitrale rendue dans le différend entre les Philippines et la Chine en déterminant le statut des formations insulaires de la mer de Chine, notamment dans les Spratly a entraîné un double effet. D'une part, au regard de cette sentence, il est

[154] Voir affaire du différend entre les Philippines et la Chine, fond, Sentence arbitrale du 12 juillet 2016, para. 385-570 et para. 625-626.

actuellement acquis que toutes les formations insulaires de cette mer ne génèrent pas des zones maritimes. D'autre part, compte tenu de leur statut, l'intégralité ces formations insulaires ne peuvent être utilisées pour définir les lignes de base servant à déterminer la largeur des zones maritimes des Etats côtiers.

150 Il est certain que ce problème concerne principalement les Philippines et la Chine et que les autres Etats riverains de la mer de Chine ne sont pas liés par la sentence arbitrale du 12 juillet 2016, de sorte que la détermination établie par le Tribunal arbitral quant au statut des formations insulaires ne leur est pas opposable. Encore que cela soit exact, il convient, néanmoins, de relever que ces deux Etats revendiquent la plupart des formations insulaires des Spratly. D'autre part, il n'y a pas de grande différence entre les formations insulaires revendiquées par les Philippines et la Chine et celles dont la souveraineté est réclamée par les autres Etats riverains. Il s'ensuit que les constatations faites par le Tribunal arbitral vont fortement influencées le statut de ces autres formations insulaires[155]. Dès lors, il y a lieu d'analyser les formations susceptibles d'être utilisées en tant que ligne de base (paragraphe premier) avant d'examiner celles qui ne peuvent contribuer aux lignes de base (paragraphe second).

PARAGRAPHE PREMIER : LES LIGNES DE BASE DES ILES

151 Dans la sentence qu'il a rendue dans le différend entre les Philippines et la Chine, le Tribunal arbitral a été particulièrement clair. Car, après avoir statué sur le statut de chacune des formations insulaires en cause, le Tribunal arbitral devait examiner le statut des îles Spratly dans leur ensemble. A cet égard, le Tribunal arbitral parviendra à la même conclusion au terme de toutes ses analyses. Aussi indiquera-t-il que « The Tribunal concludes that Itu Aba, Thitu, West York, Spratly Island, South-West Cay and North-West Cay are not capable of sustaining an economic life of their own within the meaning of Article 121(3). The Tribunal has also considered, and

[155] Il y a lieu de noter également la question de savoir si les Spratly constituent une unité géographique ou non. Si la thèse de l'unité géographique prévaut, il en résulte que toutes les formations insulaires doivent recevoir le même traitement.

reaches the same conclusion with respect to the other less significant high-tide features in the Spratly Islands, which are even less capable of sustaining economic life … The Tribunal having concluded that none of the high-tide features in the Spratly Islands is capable of sustaining human habitation or economic life of their own, the effect of Article 121(3) is that such features shall have no Exclusive Economic Zone or Continental Shelf"[156]. De l'analyse même du Tribunal arbitral, il apparaît clairement qu'il n'existe pas dans les Spratly d'îles au sens de l'article 121, paragraphe 1er de la Convention de 1982 sur le droit de la mer. Les formations géographiques identifiées par le Tribunal sont, soit des rochers qui ne prêtent pas à la vie ou à toute activité économique, soit des hauts-fonds découvrants.

A : LES ROCHERS ET LES LIGNES DE BASE

152 Le statut de rocher a été reconnu, par la sentence arbitrale du 12 juillet 2016 aux six grandes formations géographiques des Spratly ainsi qu'à d'autres plus petites[157]. En réalité, si ces rochers n'ont pas de zone économique exclusive ou de plateau continental, mais seulement une zone de mer territoriale, conformément à l'article 121, paragraphe 3 de la Convention de 1982 sur le droit de la mer[158], il n'en reste pas moins qu'ils peuvent contribuer à la définition des lignes de base de l'Etat côtier qui en exerce la souveraineté territoriale. Toutefois, il convient de voir que c'est lorsqu'ils font partie du système d'îles frangeantes de la côte que ces rochers

[156] Affaire du différend entre les Philippines et la Chine, Philippines c. Chine, Sentence arbitrale du 12 juillet 2016, para. 625-626.

[157] Il s'agit de Itu Aba, Thitu, West York Island, Spratly Island, North-East Cay et South-West Cay, qui les formations les plus grandes et, pour les plus petites, de Amboyna Cay, Flat Island, Loaita Island, Namyit Island, Nanshan Island, Sand Cay, Sim Cowe Island et Swallow Reef. Voir affaire du différend entre les Philippines et la Chine, Sentence arbitrale du 12 juillet 2016, para. 400-407. Il convient de voir que certains de ces rochers sont administrés par des Etats non parties au différend entre les Philippines et la Chine. Tel est le cas de Itu Aba qui est sous administration de Taïwan.

[158] C'est à une telle conclusion que le Tribunal arbitral était parvenu à propos de Scoborough Shoal, Cuarteron Reef, Fiercy Cross Reef, Johnson Reef, Mc Kennan Reef et North Gaven Reef, cf. affaire du différend entre les Philippines et la Chine, Sentence arbitrale du 12 juillet 2016, para. 333-382.

contribuent facilement à la définition des lignes de base de l'Etat côtier intéressé. La seule exception à cet effet se trouve dans la mise en œuvre de la théorie d'accidents géographiques mineurs, laquelle permet à la juridiction internationale compétente d'écarter les rochers qui sont considérés comme étant insignifiants. Par cette théorie, il s'agit, en effet, d'empêcher que des formations insulaires mineures exercent une influence disproportionnée sur le résultat de la délimitation à réaliser, la ligne définissant la frontière maritime. C'est pourquoi, la Chambre de la Cour internationale de justice soulignait « les inconvénients que peut engendrer une méthode consistant ... à retenir comme points de base, pour le tracé d'une ligne recherchant une division à égalité d'un certain espace, de toutes petites îles, de rochers inhabités, des hauts-fonds, situés parfois à une distance considérable de la terre ferme »[159].

153 De fait, les îles des Spratly se trouvent situées très loin des côtes continentales de chacun des Etats qui en revendique la souveraineté. Dès lors, il devient impossible de faire jouer à des côtes ainsi éloignées un quelconque rôle dans la détermination des lignes et points de base de la délimitation maritime ou simplement de la délinéation des îles des Spratly[160]. Il s'ensuit que ces rochers ne pourraient être pertinents qu'au regard de leur propre mérite. Autrement dit, il s'agit d'examiner si, au regard de leurs propres caractéristiques, elles pourraient contribuer à la définition des lignes de base nécessaires à la détermination de leurs propres espaces maritimes. Or, précisément, l'article 121, paragraphe 3 de la Convention de 1982 sur le droit de la mer retient que ces rochers n'ont droit qu'à une mer territoriale de 12 milles marins. C'est donc

---

[159] CIJ, affaire de la délimitation de la frontière maritime dans la région du golfe du Maine, Canada/Etats-Unis, Arrêt du 12 octobre 1984, RACIJ, 1984, para. 201. La Chambre poursuivait en notant que « Rien n'empêche d'attribuer à l'un de ces accidents géographiques ayant quelque importance l'effet de correction limité qui peut équitablement lui revenir, mais ceci est autre chose que de faire d'une série de ces accidents mineurs la base même de la détermination de la ligne de division, autre chose que de transformer ceux-ci en une succession de points d'appui pour la construction géométrique du tracé tout entier », *Ibid.*, para. 201.

[160] Dans le différend entre le Nicaragua et la Colombie, les côtes continentales de cette dernière n'avaient joué aucun rôle dans la délimitation, en raison de leur éloignement. Ce sont les côtes des îles qui avaient été prises en compte à cet effet. Voir CIJ, affaire du différend territorial et maritime, Nicaragua c. Colombie, Arrêt du 19 novembre 2012, RACIJ, 2012, para. 151-152.

uniquement aux fins de la définition de cette mer territoriale que des lignes de base peuvent être identifiées sur ces rochers.

154 A cette fin, la détermination des lignes de base se fera au regard des articles 5 et 7 de la Convention de 1982 sur le droit de la mer. La laisse de basse mer constituera ainsi la ligne de base normale. Celle-ci ne pourrait être écartée au profit de la ligne de base droite que s'il apparaissait que le rocher en cause avait une côte correspondant aux caractéristiques géographiques prescrites par l'article 7 de la Convention. Mais tel ne sera jamais le cas, puisque ces rochers sont des formations géographiques de petite taille et souvent isolées. Il en résulte que c'est la laisse de basse mer de ces rochers qui constituera la ligne de base aux fins de la définition de la mer territoriale que le droit international reconnaît à ces rochers. Ainsi l'utilisation des lignes de base droites pour la détermination cette mer territoriale ne traduirait-elle qu'une mauvaise pratique des Etats côtiers.

B : LES HAUTS-FONDS DECOUVRANTS ET LES LIGNES DE BASE

155 Dans les Spratly, la sentence arbitrale rendue dans le différend entre les Philippines et la Chine avait dénombré plusieurs formations géographiques qui avaient été qualifiées comme étant des hauts-fonds découvrants. Plus précisément, le Tribunal arbitral avait retenu que les formations insulaires suivantes constituaient des hauts-fonds découvrants : Hughes Reef, South Gaven Reef, Subi Reef, Mischief Reef et Second Thomas Reef[161]. Puisque ces formations ne sont que des hauts-fonds découvrants, elles ne sauraient se voir attribuer quelque zone maritime.

156 Cette indication permet de souligner l'enjeu que revêtent les travaux réalisés par certains Etats sur les formations géographiques des Spratly. Il s'agit, à travers de tels travaux, de parvenir à ériger des îles sur ceux qui n'apparaissent que comme étant des hauts-fonds découvrants. Car, ce n'est qu'avec le statut d'île que ces formations

---

[161] Voir affaire du différend entre les Philippines et la Chine, Philippines c. Chine, Sentence arbitrale du 12 juillet 2016, para. 365-381 et para. 383.

géographiques pourraient générer des espaces maritimes qui leurs sont propres conformément à l'article 121, paragraphes 2 et 3 de la Convention de 1982 sur le droit de la mer. Telle est donc la finalité des travaux menés dans les Spratly par le Gouvernement chinois consistant à transformer en îles, des formations qui n'affleurent pas à marée haute. Cette perspective, qui traduit la volonté des Etats côtiers à étendre leurs espaces maritimes, rejoint, en définitive, la pratique de ces mêmes Etats à recourir systématiquement aux lignes de base droites et non pas aux lignes de base normales. Dans les deux cas, c'est une volonté d'extension des zones maritimes qui est poursuivie.

157 Précisément, dès lors que la nature de haut-fond découvrant est reconnue à des formations insulaires, toute la question est savoir si et dans quelle mesure ces hauts-fonds découvrants vont contribuer à la définition des lignes de base servant à la détermination de la largeur des zones maritimes.

158 A cet égard, l'article 13 de la Convention de 1982 sur le droit de la mer est très explicite : il précise que «1. ... Lorsque des hauts-fonds découvrants se trouvent, entièrement ou en partie, à une distance du continent ou d'une île ne dépassant pas la largeur de la mer territoriale, la laisse de basse mer sur ces hauts-fonds peut être prise comme ligne de base pour mesurer la largeur de la mer territoriale. 2. Lorsque des hauts-fonds découvrants se trouvent entièrement à une distance du continent ou d'une île qui dépasse la largeur de la mer territoriale, ils n'ont pas de mer territoriale qui leur soit propre ». Il s'ensuit que c'est au regard de leur position géographique par rapport aux îles et à la largeur de la mer territoriale que les hauts-fonds découvrants pourront contribuer aux lignes de base.

159 Aussi le Tribunal arbitral devait-il indiquer la localisation précise des hauts-fonds découvrants qu'il avait relevés. A cet effet, il notait que Hughes Reef était situé à moins de 12 milles marins de Mc Kennan Reef et de Sin Cowe Island, qui sont des rochers ; South Gaven Reef était localisé à moins de 12 milles marins de North Gaven Reef et de Namyit Island et que Subi Reef reposait à moins de 12 milles marins de Sandy Cay[162]. Dans toutes ces situations, ces hauts-fonds découvrants, reposant à moins de 12 milles marins des rochers

[162] Cf. affaire du différend entre les Philippines et la Chine, fond, Sentence arbitrale du 12 juillet 2016, para. 369-384.

identifiés, ils pourraient contribuer comme ligne de base servant à mesurer la largeur de la mer territoriale du rocher intéressé. Il y a lieu toutefois de préciser que cette ligne de base est exactement la laisse de basse mer du haut-fond découvrant.

160 Il apparaît de la sorte que, dans les Spratly, les hauts-fonds découvrants sont susceptibles de servir comme ligne de base pour la détermination de la largeur de la mer territoriale des rochers[163]. A l'inverse, lorsque ces hauts-fonds découvrants se situeront à une distance de plus de 12 milles marins des îles ou de la côte continentale de l'Etat riverain, ils ne pourront être pris en compte pour la définition des lignes de base des formations insulaires concernées.

161 Cependant, il convient de voir que la Convention de 1982 sur le droit de la mer permet aux Etats côtiers de tirer des lignes de base, soit en direction, soit à partir des hauts-fonds découvrants. Tel est le cas lorsque des phares ou des installations analogues ont été édifiés sur les hauts-fonds découvrants ou quand un tel tracé a fait l'objet d'une approbation internationale[164]. Dans ces deux situations, les hauts-fonds découvrants qui se trouvent à proximité d'une île, à moins de 12 milles marins de la mer territoriale de l'Etat côtier, peuvent être utilisés dans le système des lignes de base droites ou des lignes archipélagiques de cet Etat côtier.

162 Cette indication permet de comprendre l'importance des travaux que réalisent les Etats riverains des Spratly sur les hauts-fonds découvrants. En effet, Dans la mesure où ces Etats ont adopté, pour leurs côtes continentales, le système des lignes bases droites ou, pour ce qui est des Philippines, les lignes archipélagiques, ce sont ces

---

[163] Voir aussi la position de la Cour internationale de justice dans le différend entre le Nicaragua et la Colombie. La Cour soulignait que la Colombie était en droit de tenir compte des hauts-fonds découvrants qui se trouvaient à moins de 12 milles marins de QS 32 pour mesurer la largeur de la mer territoriale de celle-ci. A cet effet, la Cour notait que « la largeur de la mer territoriale autour de Quitasueño s'étend à partir de hauts-fonds découvrants se trouvant dans un rayon de 12 milles marins de QS 32 qui, étant donné leur position, peuvent servir au tracé de la ligne de base à partir de laquelle est mesurée la largeur de la mer territoriale », CIJ, affaire du différend territorial et maritime, Nicaragua c. Colombie, Arrêt du 19 novembre 2012, RACIJ, 2012, para. 183.

[164] Cf. article 7, paragraphe 4 à propos du tracé des lignes de base droites et article 47, paragraphe 4, en ce qui concerne le tracé des lignes archipélagiques. Il s'agit de deux dispositions de la Convention de 1982 sur le droit de la mer.

systèmes de lignes de base qu'ils tentent d'étendre sur les îles dont ces Etats côtiers revendiquent la souveraineté. Dès lors, la construction des phares ou des installations similaires va leur permettre de définir un système de lignes de base droites ou, le cas échéant, de lignes archipélagiques, en utilisant les hauts-fonds découvrants qui se trouvent à l'intérieur des limites de la mer territoriale des îles. En l'absence de tels édifices, c'est uniquement la laisse de basse mer de ces hauts-fonds découvrants qui aurait été pertinente comme ligne de base.

163 Il apparaît ainsi que, puisque les îles dans les Spratly ne sont composées que de rochers et de hauts-fonds découvrant, c'est la laisse de basse mer qui aurait dû être la ligne de base applicable dans cette partie de la mer de Chine. Mais l'installation de phares sur les hauts-fonds découvrants va constituer le moyen auquel les Etats côtiers de la mer de Chine vont recourir afin de parvenir à l'application des lignes de base droites ou, le cas échéant, de lignes archipélagiques. Car, ce sera à partir des lignes de base droites ou des lignes de base archipélagiques que sera définie la largeur de la mer territoriale du rocher en cause. C'est un véritable expansionnisme maritime qui se manifeste en mer de Chine. Or, compte tenu de l'imbrication des formations insulaires dans les Spratly, cet expansionnisme maritime génère de chevauchements de zones maritimes. Ce qui ne fera que compliquer encore les questions de délimitation maritime qui vont se poser. De fait, en raison de l'imbrication de ces formations insulaires, une délimitation maritime dans les Spratly, ne pourrait avoir lieu qu'en recourant à des enclaves des îles.

164 Dans ces conditions, loin de conduire à l'amélioration des relations entre les Etats riverains de la mer de Chine, les travaux effectués sur les hauts-fonds découvrants ne contribuent qu'à l'exacerbation des tensions qui y sont déjà manifestes. Et, la base même de ces tensions se trouve dans l'expansionnisme maritime des Etats de la région dont la réalité se fait également jour à propos des formations insulaires ne contribuant pas aux lignes de base.

PARAGRAPHE SECOND : LES ILES NE CONTRIBUANT PAS, EN PRINCIPE, AUX LIGNES DE BASE

165 L'article 60, paragraphe 5 de la Convention de 1982 sur le droit de la mer est très clair en la matière. En posant que les îles artificielles n'ont droit qu'à une zone de sécurité de 500 mètres, cette disposition exclue, par conséquent, qu'une île artificielle puisse contribuer aux lignes de base définies par un Etat aux fins de la détermination de ses espaces maritimes. Les 500 mètres ne sont attribués aux îles artificielles que pour les besoins de la sécurité de la navigation maritime[165]. A cet égard, il convient de souligner que l'article 60 de la Convention concerne les îles artificielles. Il en résulte que cette disposition ne concerne nullement les hauts-fonds découvrants. Ainsi les dispositions de la Convention relatives à ceux-ci continueront-elles à trouver leur application lorsque seront en cause des hauts-fonds découvrants sur lesquels des installations artificielles seront construites y compris quand des îles artificielles auront été édifiées sur des hauts-fonds découvrants. En revanche, quand ces constructions artificielles seront édifiées sur des formations géographiques affleurant à marée haute, y compris sur les récifs, l'article 60 de la Convention trouvera son application.

166 S'il est donc certain que les îles artificielles ne contribuent pas à la définition des lignes de base détermination par l'Etat côtier aux fins de mesurer la largeur de ses zones maritimes, la question se pose néanmoins quant à l'existence d'une île artificielle. Une telle question est susceptible de se superposer avec celle correspondant à la question de savoir si une formation géographique donnée constitue ou non une île. En effet, l'Etat côtier intéressé sera tenté de soutenir que, en dépit des installations artificielles édifiées sur la formation géographique en cause, celle-ci constitue exactement une île au sens de l'article 121 de la Convention de 1982 sur le droit de la mer. Dès lors, c'est à la détermination de l'existence de l'île qu'il y aura lieu de procéder. Il s'agira de définir le statut juridique de la formation géographique en cause.

[165]Cf. ITLOS, affaire de l'Arctic Sunrise, Pays-Bas c. Fédération de Russie, Sentence arbitrale en date du 14 août 2015, para. 202-217.

167 Précisément, en spécifiant explicitement qu'une île « est une étendue naturelle de terre entourée d'eau qui reste à découverte à marée haute », l'article 121, paragraphe premier de la Convention de 1982 sur le droit de la mer permet de la sorte d'apporter une réponse pertinente à la détermination de ce qu'est une île artificielle. Car, les îles artificielles ne sont pas des formations géographiques naturellement constituées. Elles sont le fait de l'homme et de la technologie. Mais il ne suffit pas qu'il existe une part de l'effort humain ou de la technologie sur une île pour qu'une telle formation géographique soit disqualifiée du statut d'île pour être, ensuite, caractérisée comme étant une île artificielle. En réalité, pour qu'il en soit ainsi, la part de l'homme ou de la technologie doit intervenir de manière prépondérante dans la formation ou la constitution de la réalité géographique en cause. En d'autres termes, celle-ci doit être, dans son essence même, le fait de l'homme ou de la technologie, c'est-à-dire une création humaine.

168 De fait, lorsqu'une formation géographique affleure naturellement à marée haute, les travaux qui seraient effectués par l'homme ou au moyen de la technologie n'ont plus pour finalité la création d'une formation insulaire, celle-ci existe déjà dans son état naturel. Il s'ensuit que cette formation maritime, qui découvre à marée haute, ne doit pas son état à une intervention humaine. C'est exclusivement en prenant en considération des caractéristiques géographiques qui sont propres à cette île, que lui est assigné le statut d'île. Autrement dit, les travaux menés sur une telle formation géographique n'ont pas pour ultime but de créer une formation insulaire. Il s'agit, en réalité, de maintenir le statut insulaire. Car, des phénomènes naturels, par exemple, l'érosion des sols, sont susceptibles de remettre en cause ce statut et aboutir à la disparition de l'île. Mais la disparition de l'île est également susceptible de se produire en raison de l'élévation du niveau des mers et des océans[166].

[166] Sur la question de l'élévation du niveau des océans et son impact sur le droit international, cf. le Rapport de l'ILA session de 2016 à Johannesburg : International Law and Sea Level Rise, ILA'Report ; A. H. A. Soons, The effect of a Rising Sea Level on Maritime Limits and Sea Bondaries, NILR, 1990, Pp. 207-232 ; D. Freestone and J. Pethick, Sea Level Rise and Maritime Boundaries : International Implications of Impacts and Responses, in G. Blake (ed.), International Boundaries : Fresh Perspectives, Routlege, 1994, Pp. 73-90 ; D. Freestone, International Law and Sea Level Rise, in R. R. Chruchill and D. Freestone (eds), International Law and Climate Global Change, M. Nijhoff,

Ainsi les travaux réalisés dans la perspective de la protection contre de tels phénomènes naturels ne sont-ils pas de nature à remettre en cause la qualification insulaire, préalablement acquise par une formation maritime eu égard à sa constitution naturelle[167]. Dans ce cadre, par conséquent, l'île constitue une formation insulaire qui contribue à la définition des lignes de base aux fins de la détermination des zones maritimes que le droit international reconnaît aux formations insulaires.

169 En revanche, il en va autrement lorsque les travaux sont menés dans la finalité de faire acquérir à la formation maritime en cause la qualification insulaire. Une telle démarche traduit exactement le fait que, à la base, cette formation maritime n'était pas une île, car elle n'affleurait pas à marée haute ou n'avait aucune composante naturelle dans sa constitution géologique. Il s'ensuit qu'une telle situation fait place à une formation maritime qui n'est pas naturellement une île. Ce sont les travaux de poldérisation réalisés, donc l'effort humain, qui lui permettront d'être à découverte à marée haute. Autrement dit, l'effort humain aura consisté à faire que cette formation géographique devienne une île au sens de la Convention. Dans ces conditions, il s'agit d'une île artificielle et il en résulte que ce sont les dispositions de l'article 60 de la Convention de 1982 sur le droit de la mer qui trouveront application.

170 C'est cette situation qui prévaut en mer de Chine. Car la Chine entreprend des travaux tendant précisément à transformer des récifs qui n'affleuraient pas à marée haute en formation maritime découvrant à marée haute. En effet, c'est à la suite seulement de ces travaux que des formations maritimes, qui n'étaient auparavant que des hauts-

---

1991, Pp. 109-122 ; V. Blanchette-Seguin, Elévation du niveau de la mer et frontiers maritimes : Les Etats possèdent-ils des droits acquis sur leurs territoires submergés ? RQDI, 2013, Pp. 1-21.

[167] Sans doute les différences d'instruments de mesure des marées peuvent-elles aussi avoir des effets sur la qualification d'île. Mais, en l'absence d'un instrument unique de mesure des marées, ce que le droit international cherche à établir est le fait pour la formation maritime concernée d'affleurer à marée haute. Si tel est le cas avec l'instrument de mesure utilisé, la qualification insulaire sera acquise. Telle est l'indication importante faite par la Cour internationale de justice quand elle soulignait que « Quel que soit le modèle de marée utilisé, il est clair que la formation QS 32 reste à découverte à marée haute », CIJ, affaire du différend territorial et maritime, Nicaragua c. Colombie, Arrêt du 19 novembre 2012, RACIJ, 2012, para. 37.

fonds découvrants, vont devenir des formations maritimes affleurant à marée haute. Il apparaît clairement que, cet affleurement à marée haute ne se produit pas naturellement. Il est le résultat des travaux effectués sur la formation géographique en cause. Telle a été, au demeurant, l'analyse faite par le Tribunal arbitral dans le différend entre les Philippines et la Chine. En effet, le Tribunal avait relevé que les travaux effectués par la Chine sur les îles des Spratly n'avaient d'autre finalité que de transformer des hauts-fonds découvrants en îles affleurant à marée haute. Dès lors, ces formations maritimes devaient être considérées comme étant des îles artificielles[168].

171 Ainsi, les îles artificielles ne contribuent-elles pas à la définition des lignes de base[169]. Cependant, encore qu'elles ne servent pas dans la détermination de lignes de base ou pour générer des zones maritimes, ces îles artificielles peuvent, néanmoins, être des points de base appropriés pour la détermination des zones ou des frontières maritimes de l'Etat côtier. En tout état de cause, il convient de relever que, puisqu'il a été retenu par le Tribunal arbitral constitué dans le différend entre les Philippines et la Chine que les formations insulaires situées dans les Spratly n'étaient que des hauts-fonds découvrants ou des rochers au sens de l'article 121, paragraphe 3 de la Convention de 1982 sur le droit de la mer, il s'ensuit que, s'agissant des îles localisées dans les Spratly, il n'existe aucun chevauchement de prétentions maritimes entre les Etats riverains. Car, ces formations maritimes n'ont aucune zone maritime qui leur soit propre.

172 Dans ces conditions, tout problème de chevauchement de prétentions maritimes ne peut être lié qu'aux côtes continentales des Etats riverains de la mer de Chine. C'est ainsi que la Cour internationale de justice soulignait que « C'est … en partant de la côte des Parties qu'il faut rechercher jusqu'où les espaces sous-marins relevant de chacune d'elles s'étendent vers le large, ainsi que par

---

[168] Affaire du différend ente les Philippines et la Chine, fond, Sentence arbitrale du 12 juillet 2016, para. 900-993 et para. 994-1038 à propos des travaux de constructions réalisés sur Mischief Reef. Les opérations de construction menées par la Chine sont décrites para. 852-890.

[169] Voir C. R. Symmons, The Maritime Zones of Islands in International Law, The Hague, M. Nijhoff, 1979; 307 p. N. Papadakis, The International Legal Regime of Artificial Islands, Leiden, Sijthoff, 1977, 277 p.; C. R. Symmons, Maritime Zones from Islands and Rocks, in S. Jayakumar, T. Koh and R. Beckman (eds), The South China Sea Disputes and Law of the Sea, op. cit., Pp. 73-78.

rapport aux Etats qui leur sont limitrophes ou leur font face. Les seules zones qui puissent intervenir dans la décision sur les prétentions de la Libye et de la Tunisie sur le plateau continental bordant leurs côtes respectives sont celles qui peuvent être considérées comme étant au large, soit de la côte tunisienne, soit de la côte libyenne. Prises ensemble, elles représentent la région à prendre en compte pour la décision. La zone litigieuse où les prétentions s'entrecroisent est la partie de cette région globale qui peut être considérée comme étant à la fois au large de la côte libyenne et au large de la côte tunisienne »[170].

173 Précisément, en mer de Chine méridionale, les côtes des Etats riverains se trouvent dans des relations d'adjacence et d'opposition. A l'inverse, en mer de Chine septentrionale, les côtes présentent un rapport d'opposition[171]. Dans ces deux zones, les projections côtières vont engendrer des chevauchements des prétentions maritimes. Celles-ci ne pourront trouver leurs solutions que dans la délimitation maritime ; que ces solutions soient diplomatiques ou qu'elles procèdent de décisions juridictionnelles. Car, la délimitation maritime, qui consiste à établir des frontières maritimes, ne tend qu'à parvenir à la division des chevauchements de prétentions des Etats côtiers. Il y a lieu, toutefois, de noter que la généralisation des lignes de base droites, y compris les lignes de base archipélagiques, ne fait qu'accentuer ces situations de chevauchement des prétentions maritimes des Etats riverains de la mer de Chine. En effet, en reculant vers le large les limites extérieures des eaux intérieures des Etats côtiers, il s'ensuit que les limites extérieures des zones maritimes de

---

[170] CIJ, affaire du plateau continental, Tunisie/Libye, Arrêt du 24 février 1982, para. 74. La Cour indiquait également que « c'est la côte du territoire de l'Etat qui est déterminante pour créer le titre sur les étendues sous-marines bordant cette côte. C'est l'adjacence au territoire de l'Etat côtier qui est le critère primordial de définition du statut juridique des zones immergées, par opposition à leur délimitation, sans égards aux divers éléments ayant concouru à l'extension de ces zones à mesure que les règles du droit international évoluaient », Ibid. para. 73.

[171] C'est exactement un rapport d'opposition qui doit être retenu en ce qui concerne les côtes de la Chine et de la Corée du Sud. Telle avait été la situation à propos de la côte tunisienne dans le golfe de Gabès. Voir, CIJ, affaire du plateau continental, Libye/Tunisie, Arrêt du 24 février 1982, RACIJ, 1982, para. 126. Cf, en outre, CIJ, affaire de la délimitation de la frontière maritime dans la région du golfe du Maine, Canada/Etats-Unis, Arrêt du 12 octobre 1984, RACIJ, 1984, para. 189.

ces Etats seront également repoussées vers le large. Dès lors, les situations de chevauchement des projections maritimes ne pourront que devenir des réalités puisqu'elles vont se multiplier.

174 Il est certain que lorsque ces chevauchements concerneront la mer territoriale, la zone économique exclusive ou le plateau continental, l'application des dispositions de la Convention de 1982 sur le droit de la mer permettra d'y apporter un règlement pertinent[172]. Ce sont, en effet, les articles 15, 74 et 83 de la Convention qui régiront tout principe de solution à ces chevauchements de prétentions ainsi que le comportement des Parties impliquées. Par ailleurs, la Déclaration relative à la conduite des Parties en mer de Chine méridionale de 2002, adoptée par les Etats riverains, renforce le recours au règlement amiable en présence de chevauchements de projections maritimes[173]. Mais les Etats de la région peuvent également et librement déterminer l'étendue de leurs zones maritimes. Toutefois, la délinéation de celles-ci ne peut cependant être faite que conformément aux dispositions de la Convention de 1982 sur le droit de la mer. Ainsi, à partir des lignes de base définies par l'Etat côtier, ces zones maritimes peuvent-elles être définies à 12 et 200 milles marins.

175 Il apparaît de la sorte que, dans les problèmes de délimitation des frontières maritimes qui surgiraient en mer de Chine, toute la difficulté résidera dans la définition des points de base qui serviraient à tracer la ligne de délimitation. La configuration côtière de la mer de Chine fait que l'application de la méthode d'équidistance ne soulève aucune difficulté de principe. De plus, le droit et la jurisprudence internationaux ayant posé les principes applicables aux îles[174], il en résulte que les seules difficultés à résoudre ne concernent plus que l'utilisation des lignes de base. Or, si les juridictions internationales ont parfois indiqué qu'elles ne se prononçaient pas sur la validité des

---

[172] Le Cambodge n'étant pas Partie à la Convention de 1982 sur le droit de la mer, les dispositions de celle-ci trouveront à s'appliquer en tant normes de droit international général. La même observation s'applique à Taïwan.

[173] Sur cette Declaration, cf. Nguyen Hong Thao, "The 2002 Declaration on the Conduct of Parties in the South China Sea: A Note", ODIL, 2003, p. 279 et s.

[174] Le Tribunal arbitral constitué dans le différend entre les Philippines et la Chine ayant définitivement statué sur le statut des îles dans le Spratly, en principe une telle solution ne lie pas les autres juridictions qui pourraient être saisies aux fins de délimitation par d'autres Etats riverains.

lignes de base retenues par l'Etat côtier[175], cette affirmation n'a pas empêché la Cour internationale de justice de rejeter les lignes de base droites définies par Bahreïn[176] et de poser les règles de validité des lignes de base déterminées par l'Etat côtier[177]. En revanche, avec constance, les juridictions internationales ont toujours souligné qu'elles pouvaient choisir des points de base autres que ceux définis par l'Etat côtier[178]. Une telle position n'est pertinente qu'en matière de délimitation maritime et non pas s'agissant des délinéations ; elle pourrait avoir des effets importants sur l'adoption des lignes de base droites ainsi que sur les modalités de leur tracé par les Etats côtiers en mer de Chine. En tous les cas, ces mauvaises pratiques dans l'adoption des lignes de base droites ne font que rendre encore plus difficile l'établissement des frontières maritimes en mer de Chine.

176 Mais, une autre question va se poser en mer de Chine. Elle concerne la délimitation du plateau continental étendu.

---

[175] Voir, par exemple, le différend entre Malte et Libye dans lequel la Cour notait qu'elle « n'exprime aucune opinion sur la licéité de l'inclusion de Filfla dans les lignes de base maltaises », CIJ, affaire du plateau continental, Libye/Malte, Arrêt du 3 juin 1985, RACIJ, 1985, para. 64.

[176] Dans le différend entre Qatar et Bahreïn, la Cour internationale de justice avait souligné le caractère exceptionnel des lignes de base droites avant de rejeter les lignes de base retenues par Qatar, car celui-ci n'avait pas la qualité d'Etat archipel. Cf. CIJ, affaire de la délimitation maritime et des questions territoriales entre Qatar et Bahreïn, Qatar c. Bahreïn, Arrêt du 16 mars 2001, RACIJ, 2001, para. 184-185 et para. 212-215.

[177] C'est la Cour internationale de justice qui, dans l'affaire des pêcheries, avait posé les principes qui devaient gouverner au tracé des lignes de base et être repris dans toutes les Conventions relatives au droit de la mer. Voir CIJ, affaire des pêcheries, Royaume-Uni c. Norvège, Arrêt du 18 décembre 1951, RACIJ, 1951, Pp. 128-131.

[178] Voir CIJ, affaire du plateau continental Libye/Malte, Arrêt du 3 juin 1985, RACIJ, 1985, para. 64 ; CIJ, affaire de la délimitation de la frontière maritime en mer Noire, Roumanie c. Ukraine, Arrêt du 3 février 2009, RACIJ, 2009, para. 117 et para. 137. Ce qui a conduit à écarter, comme point de base, la pointe de Sulina sur la côte roumaine au profit du point de contact de cette digue avec la terre ferme, Ibid. para. 138. TIDM, affaire relative à la délimitation de la frontière maritime dans le golfe de Bengale entre Bangladesh et Myanmar, Bangladesh/Myanmar, Arrêt du 14 mars 2012, para. 264. Tribunal arbitral constitué dans le différend entre l'Inde et le Bangladesh, Sentence arbitrale du 7 juillet 2014, para. 221-225 et para. 364.

CHAPITRE TROISIEME : LA DELIMITATION ET LA DELINEATION DU PLATEAU CONTINENTAL ETENDU EN MER DE CHINE

177 L'une des innovations introduites par la Convention de 1982 sur le droit de la mer a été l'institution du plateau continental étendu. Autrement dit, la nouvelle Convention reconnaissait aux Etats côtiers la possibilité de revendiquer un plateau continental à la fois sur le fondement de la distance et aussi en vertu des éléments de la géographique physique. Dans le premier cas, c'est le plateau continental qui s'étend à 200 milles marins des lignes de base servant à mesurer la largeur de la mer territoriale alors que, dans le second cas, il s'agit du plateau continental qui s'étend jusqu'au rebord externe de la marge continentale[179]. Il en résulte que l'Etat côtier est susceptible de prétendre, d'une part, à un plateau continental qui s'étend à une distance de 200 milles marins des lignes de base définies pour déterminer la largeur de la mer territoriale[180]. D'autre part, lorsque sa marge continentale le permet, l'Etat côtier peut également

---

[179] L'article 76, paragraphe 1er de la Convention de 1982 sur le droit de la mer précise que « Le plateau continental d'un Etat côtier comprend les fonds marins et leur sous-sol au-delà de la mer territoriale, sur toute l'étendue du prolongement naturel du territoire terrestre de cet Etat jusqu'au rebord externe de la marge continentale, ou jusqu'à 200 milles marins des lignes de base à partir desquelles est mesurée la largeur de la mer territoriale, lorsque le rebord externe de la marge continentale se trouve à une distance inférieure ».

[180] Dans l'arrêt rendu dans le différend ayant opposé la Libye et Malte, la Cour internationale de justice devait préciser la portée de cette notion de distance. Pour la Cour, « … pour des raisons tant juridiques que pratiques, le critère de distance doit dorénavant s'appliquer au plateau continental comme à la zone économique exclusive – et cela indépendamment de la disposition relative à la distance que l'on trouve au paragraphe 1er de l'article 76. Ce n'est pas à dire que l'idée de prolongement naturel soit maintenant remplacée par celle de distance. Ce que cela signifie c'est que, lorsque la marge continentale elle-même n'atteint pas les 200 milles, le prolongement naturel qui, malgré son origine physique, a acquis tout au long de son évolution le caractère d'une notion juridique de plus en plus complexe, se définit en partie par la distance du rivage quelle que soit la nature physique du fond et du sous-sol de la mer en-deçà de cette distance. Par conséquent les notions de prolongement naturel et de distance ne sont pas des notions opposées mais complémentaires, qui demeurent l'une et l'autre des éléments essentiels de la conception juridique du plateau continental », CIJ, affaire du plateau continental, Libye/Malte, Arrêt du 3 juin 1985, RACIJ, 1985, para. 34.

prétendre à un plateau continental étendu au-delà de 200 milles marins. Toutefois, si le titre et la délimitation du plateau continental jusqu'à 200 milles marins des lignes de base servant à mesurer la largeur de la mer territoriale ne sont plus définis par les éléments de la géographie physique[181], il en va différemment en ce qui concerne le plateau continental au-delà des 200 milles marins. C'est la réalité de l'existence d'une marge continentale s'étendant au-delà des 200 milles marins des lignes de base servant à mesurer la mer territoriale qui détermine le titre juridique de l'Etat côtier à un plateau continental étendu. En d'autres termes, la détermination du plateau continental étendu est tributaire de conditions géomorphologiques, géologiques ou géophysiques. Il s'agit pour l'Etat côtier d'établir que le rebord externe de sa marge continentale s'étend au-delà des 200 milles marins des lignes de base définies pour mesurer la largeur de la mer territoriale[182]. Dans cette perspective, il incombe à l'Etat côtier d'établir qu'il dispose d'un prolongement naturel de son territorial continental immergé dont le rebord externe de la marge continentale s'étend au-delà des 200 milles marins.

178 Dans cette mesure, il est certain que les éléments de la morphologie, de la géologie et de la géophysique vont être déterminants. A cet égard, le Tribunal international du droit de la mer a admis que les notions de prolongement naturel et de marge continentale visées aux paragraphes 1 et 4 de l'article 76 de la Convention de 1982 sur le droit de la mer sont étroitement liées en ce qu'elles renvoient à la même zone[183]. C'est en effet, à partir de ces

---

[181] La Cour internationale de justice indiquait, à cet égard, que « du moment que l'évolution du droit permet à un Etat de prétendre que le plateau continental relevant de lui s'étend jusqu'à 200 milles de ses côtes, quelles que soient les caractéristiques géologiques du sol et du sous-sol correspondants, il n'existe aucune raison de faire jouer un rôle aux facteurs géologiques ou géophysiques jusqu'à cette distance, que ce soit au stade de la vérification du titre juridique des Etats intéressés ou à celui de la délimitation de leurs prétentions », CIJ, affaire du plateau continental Libye/Malte, Arrêt du 3 juin 1985, RACIJ, 1985, para. 39.

[182] L'article 76, paragraphe 3 de la Convention de 1982 sur le droit de la mer définit ainsi la marge continentale, celle-ci est « le prolongement immergé de la masse terrestre de l'Etat côtier ; elle est constituée par les fonds marins correspondant au plateau, au talus et au glacis ainsi que leur sous-sol. Elle ne comprend ni les grands fonds des océans, avec leurs dorsales océaniques, ni leur sous-sol ».

[183] TIDM, affaire de la délimitation de la frontière maritime entre Bangladesh et Myanmar dans le golfe de Bengale, Bangladesh/Myanmar, Arrêt du 14 mars 2012, para. 434. Aussi le TIDM refusera-t-il que la notion de prolongement

deux notions qu'il y a lieu de déterminer le rebord externe de la marge continentale afin d'établir le titre juridique de l'Etat côtier à un plateau continental au-delà de 200 milles marins[184]. Or, la formule retenue par l'article 76, paragraphe 4 de la Convention pour l'établissement du rebord externe de la marge continentale ne fait place qu'à des critères morphologiques, géologiques ou géophysiques[185].

179 De fait, pour l'établissement des lignes de formule prévues par l'article 76, paragraphe 4 de la Convention de 1982 sur le droit de la mer, l'Etat côtier est tenu de se conformer à des critères exclusivement morphologiques ou géologiques. Précisément, afin de parvenir à l'application de cette disposition, la CLPC, qui est une création de la 3ème Conférence sur le droit de la mer, allait poser le test d'appartenance devant permettre à l'Etat côtier d'établir l'existence d'un plateau continental étendu[186]. Ce test relève exactement que « Si la ligne fixée à une distance de 60 milles marins du pied du talus continental ou la ligne fixée à une distance où l'épaisseur des roches

---

naturel contenue dans l'article 76, paragraphe 1 de la Convention de 1982 sur le droit de la mer puisse être un critère distinct et indépendant que l'Etat côtier devrait remplir pour justifier d'un titre à un plateau continental au-delà de 200 milles marins, cf. Arrêt du 14 mars 2012, para. 435.

184 Voir également, TIDM, affaire de la délimitation de la frontière maritime entre Bangladesh et Myanmar dans le golfe de Bengale, Bangladesh/Myanmar, Arrêt du 14 mars 2012, para. 437.

185 L'article 76, paragraphe 4 de la Convention de 1982 sur le droit de la mer précise que : « a)… l'Etat côtier définit le rebord externe de la marge continentale, lorsque celle-ci s'étend au-delà des 200 milles marins des lignes de base à partir desquelles est mesurée la largeur de la mer territoriale, par : i. une ligne tracée conformément au paragraphe 7 par référence aux points fixes extrêmes où l'épaisseur des roches sédimentaires est égale au centième au moins de la distance entre le point considéré et le pied du talus continental, ou ii. une ligne tracée conformément au paragraphe 7 par référence à des points fixes situés à 60 milles marins au plus du pied du talus continental ; b) sauf preuve du contraire, le pied du talus continental coïncide avec la rupture de pente la plus marquée à la base du talus ».
Ces deux formules sont connues sous la dénomination de lignes de formule. Et la formule de l'article 76, paragraphe 4(i) est dite formule de Gardiner ou formule irlandaise alors que la seconde, celle de l'article 76, paragraphe 4(II) est appelée formule de Hedberg ou formule américaine.

186 Le test d'appartenance a été établi par la CLPC dans ses Directives scientifiques et techniques adoptées en 1999 en vue d'examiner et de faire des recommandations aux demandes des Etats côtiers pour la fixation des limites de leur plateau continental au-delà de 200 milles marins. Il trouve à s'appliquer en matière de délinéation du plateau continental au-delà de 200 milles marins.

sédimentaires représente au moins un centième de la distance la plus courte entre le point en question jusqu'au pied du talus, ou chacune des deux tombent au-delà de 200 milles marins des lignes de base à partir desquelles la largeur de la mer territoriale est mesurée, un Etat côtier est en droit de fixer les limites extérieures du plateau continental »[187]. Or, la détermination du pied du talus continental fait appel, principalement à des critères géomorphologiques et seulement de façon complémentaire à la géologie ou à la géophysique[188].

180 Mais, la géomorphologie, la géologie et la géophysique jouent également un rôle important avec les lignes de contrainte. Il s'agit de fixer l'étendue maximale du plateau continental au-delà de 200 milles marins[189]. Sans doute ne s'agit-il, en matière de lignes de contrainte, que de la délinéation du plateau continental au-delà de 200 milles marins. Ce qui implique que l'Etat côtier est seul en présence, au contraire de la délimitation dans laquelle il y a nécessairement un ou plusieurs autres Etats côtiers. Cependant, dans l'un ou l'autre cas, ce qui est en cause est exactement la présence ou non d'un plateau continental au-delà de 200 milles marins.

181 Ainsi, ce sont ces critères, de nature exclusivement géomorphologique, géologique et géophysique, qui vont permettre de déterminer les titres juridiques des Etats côtiers de la mer de Chine, orientale et méridionale, à un plateau continental au-delà de 200 milles marins[190]. A cet égard, il y a lieu de souligner que certains Etats

---

[187] Point 2.2. 8 des Directions scientifiques et techniques de la CLPC.

[188] L'article 76, paragraphe 4, b, pose que, sauf preuve du contraire, le pied du talus continental est défini au moyen de la pente la plus marquée à la base du talus. C'est donc par application des preuves géomorphologiques et géologiques ou géophysique que se détermine, d'une part, la base du talus continental, et d'autre, le pied du talus continental. C'est exactement ce que retiennent les Directives scientifiques et techniques consacrées par la Commission des limites du plateau continental. Voir en ce sens les points 5 et s. et 6 et s. des Directives scientifiques et techniques.

[189] L'article 76, paragraphe 5 de la Convention prévoit que « Les points fixes qui définissent la ligne marquant, sur les fonds marins, la limite extérieure du plateau continental, tracée conformément au paragraphe 4, lettre a), i, et ii, sont situés soit à une distance n'excédant pas 350 milles marins des lignes de base à partir desquelles est mesurée la largeur de la mer territoriale, soit à une distance n'excédant pas 100 milles marins de l'isobathe de 2500 mètres, qui est la ligne reliant les points de 2500 mètres de profondeur ».

[190] En mer Jaune, il n'existe pas de plateau continental au-delà de 200 milles marins, puisque cette mer sépare la Corée du Sud et le Japon sur une largeur de moins de

riverains ont déjà soumis des demandes à la CLPC[191]. Il est certain que la géographie physique de la mer de Chine révèle l'existence d'un plateau continental étendu. Il s'ensuit que des Etats côtiers de la mer de Chine peuvent prétendre à un plateau continental au-delà de 200 milles marins[192]. Toute la difficulté ne procède que de la présence des îles dans ces régions des mers de Chine méridionale et orientale.

182 En mer de Chine méridionale, il s'agit des îles Paracel, les îles Spratly, Scarborough Reef, les îles Pratas et Macclesfield Bank. Ces îles se trouvent au-delà des 200 milles marins des côtes des Etats riverains. Or, les dispositions de l'article 121 de la Convention de 1982 sur le droit de la mer reconnaissent aux îles la faculté de générer des zones maritimes qui leur sont propres. Il en résulte que la zone de plateau continental au-delà de 200 milles marins générée par les côtes continentales des Etats côtiers est insérée dans la zone des 200 milles marins générée par les îles en cause. Sans doute qu'en reconnaissant à ces îles uniquement le statut de rochers qui ne se prêtent ni à l'habitation humaine ni à la vie économique qui leur soit propre, la sentence arbitrale rendue dans le différend entre les Philippines et la Chine a-t-elle résolu cette difficulté[193].

183 En effet, en vertu de l'article 121, paragraphe 3 de la Convention de 1982 sur le droit de la mer, ces rochers ne génèrent pas de zone économique exclusive et de plateau continental. Dans ces conditions, le plateau continental au-delà des 200 milles marins généré par les côtes continentales des Etats riverains de la mer de Chine va

---

400 milles marins. Cf. en ce sens, Fu, Kuen-Chen, Delimitating the Chinese Continental Shelves – Ways and Issues, in Nordquist Myron H., Moore John N. and Heidar Tomas H., (eds), Legal and Scientific Aspects of Continental Shelf Limits, Leiden, M. Nijhoff Publishers, 2004, p. 389.

[191] Tel est le cas du Japon, de la Chine en ce qui concerne la mer de Chine orientale, de Brunei Darussalam, de la demande conjointe de Malaisie et Viet Nam relative à la mer de Chine méridionale, du Viet Nam concernant la région Nord de la mer de Chine, de la Malaisie en ce qui concerne la mer de Chine méridionale, des Philippines dans la région de Benham Rise dans l'océan Pacifique.

[192] La CIJ souligne, à cet effet, que « Le droit d'un Etat à un plateau continental au-delà de 200 milles marins dépend … de critères géologiques et géomorphologiques, sous réserve des contraintes énoncées au paragraphe 5 de l'article 76 », CIJ, Affaire de la délimitation maritime dans l'océan Indien, Somalie c. Kenya, fond, Arrêt du 12 octobre 2021, para. 193.

[193] Affaire du différend entre les Philippines et la Chine, fond, Sentence arbitrale du 12 juillet 2016.

englober les zones immergées des îles. Mais cette sentence arbitrale outre qu'elle ne concerne que les Philippines et la Chine, ne met pas fin aux différends existant entre les Etats riverains de la mer de Chine.

184 En mer de Chine orientale, les îles en cause sont essentiellement les îles Senkaku/ Diaoyu. Cette mer couvre une zone de près de 750. 000 Km². Il s'ensuit que les Etats côtiers de la mer de Chine orientale peuvent prétendre à un plateau continental au-delà de 200 mille marins. Ces prétentions restent tributaires à un résultat positif au test d'appartenance, notamment, à la détermination du pied du talus continental.

185 Dès lors, la question est de savoir s'il peut exister en mer de Chine un plateau continental étendu défini conformément aux dispositions de la Convention de 1982 sur le droit de la mer. Une telle interrogation se pose en raison des conflits qui existent entre les Etats riverains de cette mer. Cependant, cette interrogation soulève également la question de la délinéation du plateau continental étendu. Car les Etats côtiers de la mer de Chine se retrouvent dans la situation, soit de négocier des accords de délimitation maritime ou de faire procéder à ces délimitations par la voie juridictionnelle, soit de procéder à la délinéation de leur zone de plateau continental au-delà de 200 milles marins. Dans ces conditions, il convient d'examiner les demandes déjà faites par des Etats riveraines de la mer de Chine (section première) avant d'analyser le statut du plateau continental étendu en l'absence de toute recommandation de la CLPC (section seconde). Car cette dernière situation pourrait caractériser la région de la mer de Chine compte tenu des différends qui opposent les Etats de la région. Et, à cet effet, si l'article 9 de l'annexe II de la Convention de 1982 sur le droit de la mer relative à la CLPC indique clairement que « Les actes de la Commission ne préjugent pas les questions relatives à l'établissement des limites entre Etats dont les côtes sont adjacentes ou se font face », la Commission allait, en revanche, interpréter cette disposition comme lui interdisant de faire des recommandations sur la demande aux fins de fixation des limites extérieures du plateau continental dont elle est saisie, en l'absence de consentement de tous les Etats concernés par le différend[194].

[194] L'article 46 du Règlement de la CLPC renvoie ainsi à l'annexe I du même Règlement et le paragraphe 5 de cette annexe requiert un tel consentement préalable.

SECTION PREMIERE : LES DEMANDES PRESENTEES A LA CLPC

186 Certains des Etats de la mer de Chine, ayant considéré qu'ils possédaient un titre juridique pour un plateau continental au-delà de 200 milles marins, ont soumis des demandes à la CLPC en vue de définir les limites extérieures de cette zone maritime. Or, ces demandes se sont heurtées à deux types de réaction émanant des autres Etats côtiers de la mer de Chine. Ceux-ci ont, soit invoqué l'existence d'un différend pour inviter la CLPC à ne pas statuer sur la demande qui lui était présentée (paragraphe premier), soit allégué la qualification juridique d'une formation géographique donnée afin que la CLPC n'adopte pas de recommandation sur la demande qui lui était soumise (paragraphe second). Dans les deux cas, de telles actions ne font que témoigner des tensions qui règnent entre les Etats riverains de la mer de Chine[195].

PARAGRAPHE PREMIER : L'EXISTENCE D'UN DIFFEREND COMME OBSTACLE A L'EXAMEN DE LA DEMANDE PAR LA CLPC

187 La première demande présentée en ce sens à la CLPC a été celle conjointe de la Malaisie et du Viet Nam portant sur la zone de la mer de Chine méridionale en date du 6 mai 2009[196]. Dans cette région, les côtes des deux Etats sont dans un rapport d'opposition. Aussi la détermination des limites extérieures de leurs plateaux continentaux étendus consiste-t-elle à définir deux lignes horizontales déterminant les zones de plateau continental au-delà de 200 mille marins revenant à chacun des deux Etats côtiers. De plus, il convient de souligner que dans cette zone, seules les îles Spratly pourraient exercer une influence dans la définition des limites extérieures du plateau continental des deux Etats. Or, la demande conjointe soumise à la

---

[195] Cf. également T. L. McDorman, The South China Sea after 2009: Clarity of Claims and Enhanced Prospects for Regional Cooperation ? Ocean Yearbook, 2010, p. 507 et s.

[196] Voir www.un.org/depts/los/index.htm.

CLPC n'a pas pris en compte les îles Spratly. Certes s'agissant des îles dont le statut juridique est celui de rochers relevant de l'article 121, paragraphe 3 de la Convention de 1982 sur le droit de la mer, un tel traitement est justifié. Mais, surtout, cette position trouve son explication dans le fait que les limites extérieures du plateau continental pouvaient être définies sans que la question des îles ne soit prise en compte et en n'ayant en considération que les seules côtes continentales des deux Etats. En revanche, dans le cas où la souveraineté sur les îles Spratly ne relèverait d'aucun des deux Etats et si ces formations maritimes avaient le statut d'île en vertu de l'article 121, paragraphe 2 de la Convention de 1982 sur le droit de la mer, il apparaîtrait clairement qu'elles exerceraient une influence directe sur la détermination des limites extérieures du plateau continental étendu de la Malaisie et du Viet Nam. Car, la zone des 200 milles marins de plateau continental générée par ces îles se projetterait dans la zone du plateau continental étendu définie à partir des côtes des deux Etats. C'est ce chevauchement de projections côtières que permet d'éviter la qualification de rocher retenue à propos des îles Spratly par la sentence arbitrale du 12 juillet 2016 rendue dans le différend entre les Philippines et la Chine.

188 Ainsi, les Etats riverains qui ne sont pas parties à la sentence arbitrale du 12 juillet 2016 pourraient-ils toujours continuer à soutenir le statut d'île des formations géographiques des Spratly afin, précisément, de se prévaloir des zones maritimes générées par les îles, y compris un plateau continental au-delà de 200 milles marins.

189 Il apparaît de la sorte que, au regard de la géomorphologie, de la géologie ou de la géophysique, il existe un plateau continental au-delà de 200 milles marins des côtes continentales de la Malaisie et du Viet Nam. La masse terrestre continentale de ces deux Etats présente un prolongement naturel immergée pour lequel il est possible de trouver un pied du talus continental qui permet de définir une marge continentale dont le rebord externe s'étend au-delà de 200 milles marins. A cet effet, la demande conjointe de la Malaisie et du Viet Nam avait recouru à la formule de l'article 76, paragraphe 4 de la Convention de 1982 sur le droit de la mer pour établir la preuve du rebord externe de la marge continentale qui s'étendrait au-delà des 200 milles marins des lignes de base servant à mesurer la largeur de la mer territoriale. En l'absence de toute précision à ce propos, il peut paraître pertinent de soutenir que la demande conjointe est fondée à cet égard à la fois sur la formule de Gardiner et sur celle de Hedberg. En d'autres termes, la preuve de l'existence de ce rebord externe étendu au-delà de 200 milles marins est rapportée aussi bien en vertu du paragraphe 4 (i) que 4(ii) de l'article 76 de la Convention. Rien dans la Convention de 1982, en effet, n'interdit à un Etat côtier d'invoquer simultanément les deux formules pour établir l'existence d'un plateau continental étendu. Sans doute ces deux formules sont-elles différentes. Cependant, elles ne s'excluent pas, de sorte qu'il est possible d'y recourir dans la même demande.

190 De plus, il appartiendra aux deux Etats côtiers d'établir, à partir d'éléments de la géomorphologie de la zone concernée, le pied du talus continental. A cet effet, il s'agira pour eux de déterminer la base du pied du talus continental et la rupture de pente la plus marquée, conformément aux dispositions de l'article de l'article 76, paragraphe 4, b, de la Convention de 1982 sur le droit de la mer. C'est à cette condition que le test d'appartenance sera réussi et, dès lors, la définition des limites extérieures du plateau continental au-delà de 200 mille marins pourrait être entreprise.

191 Mais cette réalité géologique ou géophysique sera confrontée à la réalité politique. De fait, la Chine et les Philippines, qui ont des prétentions maritimes dans les Spratly, ont déjà invoqué l'existence de différends dans la zone concernée par la demande conjointe en vue de faire obstacle à ce que la CLPC puisse adopter des recommandations en l'occurrence. D'une part, en réaction à la demande conjointe de Malaisie et du Viet Nam, la Chine devait considérer que cette demande enfreignait sérieusement sa souveraineté et ses droits de souveraineté et de juridiction dans la mer de Chine méridionale[197]. La Chine, en effet, revendique la souveraineté sur certaines îles des Spratly. D'autre part, les Philippines allaient également rendre publique une note verbale soulignant l'existence de différends dans la zone sur laquelle portait la demande conjointe[198]. Car, tout comme la Chine et d'autres Etats, les Philippines réclament la souveraineté sur certaines îles des Spratly. Aussi existe-t-il entre les Etats côtiers de la

---

[197] Note verbale de la Chine en date du 7 mai 2009, cf. www.un.org/depts/los/index.htm.

[198] Note verbale des Philippines en date du 4 août 2009, voir www.un.org/depts/los/index.htm.
Les Philippines sont surtout concernées par la région de Bornéo où elles contestent la souveraineté de la Malaisie.

mer de Chine des différends relatifs à la souveraineté sur les îles des Spratly ainsi que sur les espaces que pourraient générer lesdites îles. Il s'ensuit que, conformément au paragraphe 5(a) de l'annexe I de son Règlement, la CLPC ne saurait adopter des recommandations en ce qui concerne la demande conjointe de la Malaisie et du Viet Nam, faute d'un consentement préalable de la Chine et des Philippines. Il est donc certain que la CLPC ne pourra pas examiner la demande conjointe de la Malaisie et le Viet Nam tant que les différends opposant ces deux Etats à la Chine et aux Philippines n'auront pas été résolus.

192 Sans doute la sentence arbitrale en date du 12 juillet 2016 rendue dans le différend entre les Philippines et la Chine vient-elle trancher le litige en cause. Néanmoins, elle ne concerne que ces deux Etats et laisse subsister les différends relatifs aux îles des Spratly entre, d'une part, la Chine, la Malaisie et le Viet Nam et, d'autre part, ces deux derniers Etats et les Philippines. Au surplus, il convient de noter que ce différend implique également d'autres Etats. Il s'agit principalement de Taïwan et de Brunei. Toutefois, ceux-ci ne semblent pas affectés par la demande conjointe de Malaisie et Viet Nam, puisqu'ils n'ont émis aucune réaction consécutivement à ladite demande conjointe.

193 La deuxième demande relative à la mer de Chine a été soumise à la CLPC par le Viet Nam en date du 7 mai 2009. Cette demande concernait la région Nord de la mer de Chine. Autrement dit, il s'agit de la zone maritime où se projettent les côtes vietnamiennes et chinoises en mer de Chine. L'existence dans cette région d'un plateau continental au-delà de 200 milles marins ne fait pas de doute. Au demeurant, en recourant aux deux lignes de formule prévues à l'article 76, paragraphe 4, (i) et (ii) ainsi qu'au paragraphe 4, b, de la même disposition, le Viet Nam établira la preuve d'un rebord de la marge continentale de son plateau continental dans cette zone qui se trouvait au-delà des 200 milles marins des lignes de base servant à mesurer la largeur de la mer territoriale. Ainsi les éléments géomorphologiques, géologiques et géophysiques de la zone concernée par la demande du Viet Nam permettaient-ils de définir le pied du talus continental et de la sorte de conclure à l'existence d'un plateau continental au-delà des 200 milles marins. Par ailleurs, il y a lieu de souligner que la région visée par la demande du Viet Nam constitue une étendue maritime très large où les côtes opposées des Etats se trouvent à des milliers de milles marins ; de sorte que les risques de chevauchements des prétentions maritimes des Etats riverains n'existent pas, quelle que soit la zone maritime considérée[199].

194 Pourtant, à la suite de la demande soumise par le Viet Nam à la CLPC, la Chine allait souligner que cette demande portait atteinte à sa souveraineté ainsi qu'à ses droits souverains et de juridiction[200]. Une telle réaction trouve son explication dans le fait que la demande du Viet Nam concernait une zone dans laquelle se trouvent les îles Paracel. Or celles-ci sont l'objet d'un différend entre la Chine et le Viet Nam. Il est vrai que le Viet Nam n'a pas utilisé les îles Paracel pour définir son plateau continental au-delà de 200 milles marins. Il n'y a que la côte continentale du Viet Nam qui aura servi à déterminer les limites extérieures du plateau continental au-delà de 200 milles marins. Cependant, les îles Paracel sont susceptibles de générer un plateau continental au-delà de 200 milles marins ; ce qui créerait un chevauchement avec le plateau continental au-delà de 200 milles marins résultant des côtes continentales du Viet Nam. Pour qu'il en soit ainsi, les îles Paracel doivent recevoir la qualification d'île relevant des articles 121, paragraphes 1 et 2 de la Convention de 1982 sur le droit de la mer. Ainsi, à la question de la détermination de la souveraineté sur les îles Paracel, s'ajoute celle, tout aussi importante, relative au statut juridique de cette formation insulaire. C'est ce différend qui est mis en exergue par la Chine pour faire obstacle à ce que la CLPC adopte des recommandations portant sur les limites extérieures du plateau continental du Viet Nam au-delà de 200 milles marins dans la région nord de la mer de Chine.

195 Ces indications montrent que, dans le cas de la demande conjointe Malaisie et Viet Nam et de la demande du Viet Nam, les critères géomorphologiques, géographiques et géophysiques permettent de définir les limites extérieures du plateau continental au-delà de 200 milles marins. Mais l'existence d'un différend entre les Parties conduit la CLPC à ne pas adopter des recommandations sur de

---

[199] L'accord de délimitation de la frontière maritime en vigueur entre le Viet Nam et la Chine fait que, dans le golfe de Tonkin, il n'y a plus de chevauchement de prétentions des deux Etats. Toutefois, il aurait pu se produire un tel chevauchement à partir des zones maritimes générées par l'île chinoise de Hainan. Mais l'île Hainan est insérée dans les lignes de base droites chinoises, telle sorte qu'elle fait partie de la côte de la Chine.

[200] Note verbale de la Chine en date du 7 mai 2009, précitée.

telles demandes. Il s'ensuit que, en pratique, les dispositions du paragraphe 5 (b) de l'annexe I jouent comme un droit de veto dont bénéficient les Etats tiers pour empêcher l'adoption de recommandations par la CLPC. Dans ces deux situations, les Etats en cause sont réellement en présence d'un différend[201]. Celui-ci se révèle être un différend relatif à la souveraineté territoriale et aussi portant sur l'existence de droits souverains et de juridiction[202]. C'est cette situation marquée par l'existence d'un différend qui conduit la CLPC à ne pas se prononcer sur la demande dont elle est saisie. En revanche, en présence d'une simple contestation de statut juridique, la CLPC adopte une attitude moins rigoureuse.

---

[201] La Cour permanente de justice internationale définissait le différend comme étant un désaccord sur un point de droit ou de fait, une opposition ou une contradiction de points de vue juridiques ou d'intérêts entre deux personnes. Voir CPJI, affaire des concessions Mavrommatis en Palestine, Grèce c. Royaume-Uni, exceptions préliminaires, Arrêt du 30 août 1924, Série A, n° 2, p. 11. Cf, en outre, CIJ, affaire du Sud-Ouest Africain, Ethiopie c. Afrique du Sud et Libéria c. Afrique du Sud, exceptions préliminaires, Arrêt du 21 décembre 1962, RACIJ, 1962, p. 328. Dans cette dernière affaire, la CIJ soulignait qu'il ne suffisait pas d'invoquer l'existence du différend pour qu'il existe ou de nier l'existence du différend pour qu'il n'existe pas. Il convient de « démontrer que la réclamation de l'une des Parties se heurte à l'opposition manifeste de l'autre », Arrêt du 21 décembre 1962, RACIJ, 1962, p. 328. Cf. en outre, CIJ, question de la délimitation du plateau continental entre le Nicaragua et la Colombie au-delà de 200 milles marins de la côte nicaraguayenne, Nicaragua c. Colombie, Exceptions préliminaires, Arrêt du 17 mars 2016, RACIJ, 2016, para. 124.

[202] C'est à cette même conception de la notion de différend que la Malaisie est confrontée à l'occasion de sa demande présentée en date du 12 décembre 2019. Cette demande porte sur la zone de la mer de Chine méridionale. Cependant, par une note verbale en date du 12 décembre 2019, la Chine invoquait des droits historiques dans la mer de Chine méridionale ainsi que ses droits de souveraineté et de juridiction sur les îles Nanhai Zhudao pour s'opposer à la demande de la Malaisie. Toutefois, les Philippines également ont manifesté une opposition à la demande de la Malaisie. Voir, en ce sens, la note verbale des Philippines en date du 6 mars 2020.

PARAGRAPHE SECOND : L'EXAMEN DE LA DEMANDE EN PRESENCE D'UNE SIMPLE CONTESTATION

196 Dans une telle situation, il convient de souligner qu'il n'existe pas de différend entre les Parties, en ce sens qu'il n'y a pas de réclamation soulevée d'un côté laquelle rencontrerait l'opposition de l'autre. Simplement, en l'espèce, l'une des Parties se contente de contester un statut juridique ou la réalité d'une opération juridique, voire un fait déterminé, sans articuler une quelconque réclamation. C'est ainsi que, à l'occasion de la demande soumise par le Japon à la CLPC[203], la Chine et la Corée du Sud contesteront le fait pour le Japon d'avoir utilisé l'île de Oki-no-Tori Shima comme point de base ayant servi à mesurer les 200 milles marins. Pour les deux Etats, cette île ne constitue qu'un rocher et, en vertu de l'article 121, paragraphe 3 de la Convention, il ne saurait générer de plateau continental. Dès lors, selon la Chine « … it is not within the mandate of the Commission to make any recommendation on the portions of continental shelf both within and beyond 200 nautical miles measured from the rock of Oki-no-Tori as contained in Japan Submission. Therefore, the Commission is kindly requested not to take any action on the above mentioned portions"[204].

197 Il convient de souligner que la demande du Japon concernait les limites extérieures de son plateau au-delà de 200 milles marins dans sept régions de ses îles situées au Sud et au Sud-Est de ses principales îles. Autrement dit, c'est dans l'océan Pacifique et, dans une moindre mesure, en mer de Chine orientale – dans le bassin de Philippines – que se trouvent les régions concernées par la demande japonaise[205]. Et, les Etats côtiers de cette zone – les Etats-Unis et Palau – n'avaient fait mention de l'existence d'aucun différend avec le Japon. Certes, dans ces zones, il existait de possibles chevauchements

---

[203] Demande soumise en date du 12 novembre 2008, cf. www.un.org/depts/los/index.htm.

[204] Note verbale de la Chine en date du 6 février 2009, cf. www.un.org/depts/los/index.htm. Voir également la Note verbale de la Corée du sud en date du 27 février 2009, www.un.org/depts/los/index.htm.

[205] Il s'agit des régions de The Southern Kyushu Palau Ridge, The Minami-Io To Island, the Minami-Tori Shima Island, The Mogi Seamount, The Ogasawara Plateau, The Southern Oki-Daito Ridge et the Shikoku Bassin.

de plateau continental entre ces Etats riverains. Mais, le Japon avait obtenu que les Etats-Unis et Palau n'émettent pas d'objection à sa demande de fixation des limites extérieures du plateau continental au-delà de 200 milles marins. Aussi la CLPC n'était-elle saisie d'aucune note verbale indiquant l'existence d'un quelconque différend dans les zones concernées par la demande japonaise de fixation des limites extérieures de son plateau continental au-delà de 200 milles marins.

198 De fait, la CLPC allait adopter des recommandations à la suite de la demande du Japon[206]. Celui-ci s'était fondé sur l'article 76, paragraphe 4(a) (ii) de la Convention de 1982 sur le droit de la mer – c'est-à-dire la formule de Hedberg – pour procéder à la fixation desdites limites extérieures. A cet égard, la CLPC devait établir qu'une ligne tracée par référence à des points fixes situés à 60 milles marins du pied du talus continental montrait que le rebord externe de la marge continentale du Japon dans les régions visées par la demande s'étendait à plus de 200 milles marins des lignes de bases du Japon, à l'exception des régions de Minami-Tori Shima Island[207]et de Mogi Seamount[208].

199 Toutefois, s'agissant de la région de Southern Kyushu-Palau Ridge, la CLPC devait considérer qu'il n'y avait pas lieu de statuer. En effet, la CLPC avait reçu les notes verbales de la Chine et de la Corée du Sud dans lesquelles les deux Etats indiquaient que l'utilisation par le Japon de l'île de Oki-no-Tori pour tracer ses lignes de base au-delà de 200 milles marins était contraire aux dispositions de l'article 121 de la Convention de 1982 sur le droit de la mer. Car,

---

[206] La CLPC a adopté les recommandations relatives à la demande du Japon le 19 avril 2012. Voir www.un.org/depts/los/index.htm.

[207] Dans cette région, la Commission allait constater que le test d'appartenance n'était pas réussi. Car « the submerged prolongation of the land mass of Minami-Tori Shima Island does not extend to the basal swells and aprons of the surrounding seamounts, which it considers are part of the normal variability of the deep ocean floor. The BOS and FOS of Minami-Tori Shima is at the base of its pinnacle-shaped edifice and the 60 M formula line delineated from this FOS envelope will not extend beyond the 200 M limit of the island", Recommandations, IV, point C.2. 66.

[208] En l'espèce, le test d'appartenance n'était pas réussi, parce que « the saddle area is not significant enough to create morphological continuity between the Mogi Seamount and the Izu-Ogasawara Arc. Therefore … the Mogi Seamount is not regarded as part of the continental margin of Japan in the sense of article 76" Recommandations, IV, point D. 2. 79.

cette île n'était autre qu'un rocher et, à ce titre, elle ne pouvait générer ni une zone économique exclusive ni un plateau continental. Dès lors, la CLPC allait souligner que « it will be in a position to take action to make recommendations on the Southern Kyushu-Palau Ridge Region … until such time as the matters referred to in the notes verbales have been resolved"[209].

200 Une telle position apparaît, à l'évidence, contestable. Car, la Chine et la Corée du Sud n'ont soulevé aucun différend qui les opposerait au Japon. En ce sens, ces deux Etats n'ont articulé aucune réclamation à l'encontre du Japon. Certes, il existe entre les trois Etats-Parties une divergence d'appréciation relative au statut juridique de l'île de Oki-no-Tori. Mais cette opposition de thèses ne traduit pas l'existence d'un différend entre les Etats en cause. De plus, il y a lieu de noter que la Chine et la Corée du Sud ne sont pas directement affectées par la fixation des limites extérieures du plateau continental au-delà de 200 milles marins dans la région de Kyushu-Palau Ridge. Elles ne sont pas des riverains dans cette zone. Dans ces conditions, leurs interventions ne peuvent s'apparenter qu'à une sorte d'*actio communis* mise en œuvre pour la défense des intérêts de la Communauté internationale[210].

201 Or, une telle position ne constitue qu'une impasse et se traduit par l'impossibilité pour le Japon d'obtenir la fixation des limites extérieures de son plateau continental au-delà de 200 milles marins. En effet, puisque la divergence entre les trois Etats ne caractérise pas un différend qui aurait existé entre eux, le Japon se trouve dans la situation où il ne pourrait en obtenir la résolution que par la voie de

---

[209] Recommandatiions, IV, point A, 20.

[210] Telle paraît être la motivation de la Chine. Dans sa Note verbale, cet Etat explique que « The Chinese Government is of the view that, under the United Nations Convention on the Law of the Sea … States Parties shall have the right to submit information on the outer limits of the continental shelf beyond 200 nautical miles. While exercising such right in establishing the outer limits of their continental shelf beyond 200 nautical miles, States Parties shall also have the obligation to ensure respect for the extent of the International Seabed Area … which is the common heritage of mankind, and not to affect the overall interests of the international community as a whole. All States Parties shall implement the Convention in its entirety and ensure the integrity of the Convention, in particular, ensure that the extent of the Area is not subject to any illegal encroachment", Note verbale en date du 6 février 2009, in www.un.org/depts/los/index.htm.

négociations diplomatiques dont l'objectif serait d'arriver à infléchir l'opinion des deux autres Etats côtiers à propos du statut juridique de Oki-no-Tori.

202 Bien sûr, le règlement juridictionnel n'est qu'un succédané parmi les modes de règlement des différends dont disposent les Etats et que les négociations diplomatiques constituent le procédé normal des relations entre Etats et, ainsi, sont-elles la voie pour parvenir à la résolution de toute difficulté entre eux. Mais les négociations diplomatiques menées dans le cadre des relations normales entre Etats et les négociations diplomatiques conduites en vue de la résolution d'un différend sont deux situations distinctes. Cependant un Etat peut avoir intérêt à recourir à la procédure juridictionnelle de règlement des différends en lieu et place des négociations diplomatiques. Or, en l'espèce, le Japon ne pourra pas exercer cette option. Car, faute de réclamation des autres Parties, il lui sera impossible de prouver l'existence d'un quelconque différend, distinct de la simple opposition de thèses sur un sujet donné. Par ailleurs, un tel règlement serait soumis à la volonté de la Chine d'y participer. Mais, le comportement de cet Etat à l'égard des juridictions internationales montre que cette perspective demeure une illusion. Il s'ensuit que la délinéation et la délimitation de cette zone maritime ne sont pas possibles en l'état.

203 Dans ces conditions, la solution adoptée par la CLPC ne paraît pas pertinente. En effet, dès lors qu'elle a considéré qu'il ne lui appartenait pas de trancher les questions juridiques qui se posent à propos de l'interprétation des dispositions de la Convention de 1982 sur le droit de la mer[211], la Commission ne saurait se fonder uniquement sur les affirmations d'un Etat Partie pour inférer de l'existence d'un différend et, de la sorte, refuser de statuer sur la demande qui lui est soumise aux fins de la fixation des limites extérieures du plateau continental au-delà de 200 milles marins. Ce qui lui est suggéré, ce n'est pas de trancher le différend. Il s'agit de rechercher et d'établir la réalité du différend allégué par une Partie à la Convention de 1982 sur le droit de la mer. Dans le cas contraire, la procédure de l'article 76, paragraphe 8 de la Convention de 1982 sur

[211] Par une Déclaration de son Président, la CLPC a clairement indiqué qu'elle n'avait pas à intervenir en matière d'interprétation de l'article 121 de la Convention de 1982 sur le droit de la mer, cf. Doc. CLCS/62 du 20 avril 2009, p. 12, para. 59.

le droit de la mer risquerait de se transformer en une voie qui permet de geler la fixation des limités extérieures du plateau continental au-delà de 200 milles marins d'un Etat Partie. Une telle perspective contribuerait à pousser les Etats soit à procéder à des délimitations juridictionnelles de leur plateau continental au-delà de 200 milles marins, soit à délimiter celui-ci par voie d'accords diplomatiques. Au surplus, il convient de souligner l'effet contradictoire de la position adoptée par la CLPC. En rejetant la demande du Japon portant sur la région de Kyushu-Palau Ridge, *de facto*, la CLPC procède à l'interprétation de la Convention de 1982 sur le droit de la mer. Dans cette interprétation, la Commission est conduite à admettre une sorte d'*actio popularis* en droit de la mer au profit de tous les Etats Parties. En effet, il importe peu qu'il existe un différend entre des Etats Parties et l'Etat demandeur. Il suffit seulement que se produisent entre eux une divergence d'opinion pour que la CLPC refuse d'examiner la demande qui lui est soumise. Une telle indication n'est pas contenue dans la Convention de 1982 sur le droit de la mer.

204 Pourtant, c'est la même attitude que le Japon adoptera, à son tour, à l'occasion des demandes soumises par la Corée du Sud et par la Chine. Lorsque la Corée du Sud déposera sa demande aux fins de fixation des limites extérieures de son plateau continental au-delà de 200 milles marins[212]dans la région de la mer de Chine orientale, le Japon adressera une Note verbale au Secrétaire Général de l'ONU à cet égard[213].

205 Dans la demande soumise à la CLPC, la Corée du Sud se référait à la formule de l'article 76, paragraphe 4(a)(ii) de la Convention de 1982 sur le droit de la mer pour déterminer que le rebord externe de la marge continentale de son plateau s'étendait au-delà de 200 milles marins des lignes servant à mesurer la largeur de la mer territoriale. Néanmoins, les limites extérieures contenues dans la demande étaient constituées d'une ligne composée de 85 points dérivant des enveloppes extérieures situées à 60 milles marins du pied du talus continental. Cette ligne était ajustée « as not to impinge on the

[212] La demande de la Corée du Sud a été soumise à la CLPC en date du 28 décembre 2012. Cf. www.un.org/depts/los/index.htm.

[213] Note verbale du Japon en date du 11 janvier 2013, www.un.org./depts/los/index.htm.

territorial Sea of Japan in the East China Sea"[214]. Or, le Japon présentera une Note verbale qui considérait que «La distance entre les côtes japonaises et celles de la République de Corée du Sud est inférieure à 400 milles marins dans la zone concernée par la demande ; en application de l'article 83 de la Convention des Nations Unies sur le droit de la mer, la délimitation du plateau continental dans cette zone doit être effectuée par voie d'accord entre les Etats concernés, et la République de Corée n'a donc aucun droit d'y définir unilatéralement les limites extérieures du plateau continental »[215]. Il en résulte que, pour le Japon, il existait un différend entre les deux Etats et la Commission ne devait pas examiner la demande dont elle avait été saisie, conformément au paragraphe 5 a de l'annexe I de son Règlement.

206 A la vérité, la seule indication de la distance qui serait inférieure à 400 milles marins entre les côtes des deux Etats dans la région concernée ne constitue nullement un différend, en l'absence d'une contestation survenue entre les Parties. Il apparaît de la sorte que la CLPC retient une acception extensive de la notion de différend pour y inclure la simple manifestation d'une opposition de thèses. Telle est exactement la position actuelle de la CLPC puisqu'elle a adopté le même procédé en ce qui concerne la demande présentée par la Chine.

207 A la suite de la demande soumise par la Chine à la CLPC[216], le Japon soulèvera les mêmes motifs pour que la CLPC ne se prononce pas sur cette demande. En réalité, dans le cas présent, si les motifs tenant à la distance entre les côtes des deux Parties – qui seraient à moins de 400 milles marins – manquent de pertinence pour soutenir l'existence d'un différend, il en va autrement s'agissant des îles Senkaku/Diaoyu. Ces formations insulaires sont à l'origine d'un différend entre les deux Etats. Dans ces conditions, en les prenant en considération comme points de base dans le tracé des lignes de base servant à déterminer la largeur de 200 milles marins, la Chine ne

[214] Demande soumise par la Corée à la CLPC, point 5.4. Voir, www.un.org/depts/los/index.htm.

[215] Note verbale du Japon en date du 11 janvier 2013. Cf. www.un.org/depts/los/index.htm.

[216] Demande de la Chine en date du 14 décembre 2012 porte sur le plateau continental au-delà de 200 milles marins dans la mer de Chine orientale. Cf. www.un.org/depts/los/htm

pouvait que s'attendre à une réaction du Japon[217]. Il y a ainsi un vrai différend entre la Chine et le Japon qui empêche la CLPC de statuer sur la demande chinoise. Mais ce différend n'est pas en rapport avec la question de la distance entre les côtes séparant les deux Etats. Cette dernière question ne constitue nullement un différend existant entre les deux Etats.

208 Il apparaît ainsi que la CLPC est confrontée à un vrai dilemme. Elle peut adopter une position consistant à une retenir une interprétation extensive de la notion de différend ; dans ce cas, elle sera conduite à refuser de statuer sur toute demande dans laquelle surviendra la moindre opposition de vues entre les Etats Parties à la Convention de 1982 sur le droit de la mer. Mais la CLPC pourrait également opter pour une interprétation restrictive de la notion de différend. Cette notion serait entendue dans le sens que lui donne la jurisprudence internationale. Il s'agirait ainsi uniquement de réclamation formulée par un Etat dans le cadre d'une opposition ou d'une contradiction de points de vue. Ce n'est pas le choix fait par la CLPC qui préfère s'engager dans la voie d'une conception extensive de la notion de différend. Dans ces conditions, faute de consentement de toutes les Parties impliquées dans le différend, la CLPC ne pourra que se retrouver bloquée dans l'examen des demandes soumises par les Etats[218]. Il s'ensuit que, en pratique, la seule invocation de

---

[217] Notes verbales du Japon en dates des 28 décembre 2012 et 13 août 2013. Voir, www.un.org/depts/los/htm.

[218] Tel était le cas dans le golfe du Bengale où la demande soumise par Myanmar à la CLPC avait été bloquée à la suite de la note verbale présentée par le Bangladesh et arguant de l'existence d'un différend entre les Parties. A cet égard, pour éviter ce blocage le TIDM soulignait que s'il « refusait de délimiter le plateau continental au-delà de 200 milles marins conformément à l'article 83 de la Convention, la question de la fixation de la limite extérieure du plateau continental de chacune des Parties conformément à l'article 76 de la Convention pourrait rester en suspens. Il n'est pas raisonnable de supposer que les Parties pourraient aisément convenir d'autres modalités tant que le différend relatif à la délimitation n'est pas réglé. Si le Tribunal décidait de ne pas exercer sa compétence à l'égard du différend portant sur le plateau continental au-delà de 200 milles marins, le règlement d'un différend de longue date resterait en suspens et l'application efficace de la Convention serait compromise ... il serait contraire à l'objet et au but de la Convention de ne pas sortir de l'impasse. L'inaction de la Commission et du Tribunal, les deux organes créés par la Convention pour faciliter l'application efficace de ses dispositions, pourrait laisser les Etats Parties dans l'impossibilité de jouir pleinement de leurs droits sur le plateau continental », TIDM, affaire de la délimitation de la frontière

l'existence d'un différend dans la zone concernée par la demande soumise à la CLPC a pour effet de bloquer l'examen de ladite demande[219].

209 Certes, une telle paralysie ne concerne que la délinéation du plateau continental au-delà de 200 milles marins, et, par conséquent, elle n'a qu'aucun effet dans l'établissement des frontières maritimes des Etats en cause. Car les Etats côtiers ont toujours la faculté de recourir à la délimitation de leurs frontières maritimes. A cet égard, l'article 76, paragraphe 10 de la Convention de 1982 sur le droit de la mer précise explicitement que cet article 76 « ne préjuge pas de la question de la délimitation du plateau continental entre des Etats dont les côtes sont adjacentes ou se font face ». Il en résulte qu'il n'entre pas dans les compétences de la CLPC de se prononcer sur les questions impliquant le chevauchement des zones de plateau continental entre les Etats[220]. Autrement dit, la paralysie ou le blocage de la CLPC du fait de l'existence d'un différend non résolu, n'affecte que la délinéation du plateau continental au-delà de 200 milles marins. Cependant, en présence d'un chevauchement de plateau continental au-delà de 200 milles marins, un Etat côtier peut se prévaloir des dispositions de l'article 83 de la Convention de 1982 sur le droit de la mer pour parvenir à la délimitation dudit plateau continental[221]. Dès lors, les actions de la Commission, y compris ses actes négatifs – par exemple la décision de ne pas adopter de recommandation – ne produiront aucun effet sur la question de la délimitation des frontières maritimes entre les Etats en cause.

---

maritime entre Bangladesh et Myanmar dans le golfe du Bengale, Bangladesh/Myanmar, Arrêt du 14 mars 2012, para. 390-392.

219 Cf. également, C. Lathrop, Continental Shelf Delimitation beyond 200 Nautical Miles : Approaches Taken by Coastal States before the Commission on the Limits of the Continental Shelf, in D. Colson and R. Smith (eds), International Maritime Boundaries, Vol. VI, 2, Martinus Nijhoff, 2011, p. 4139 et p. 4145.

220 A cet égard, l'article 9 de l'annexe I de la Convention de 1982 sur le droit de la mer indique que « Les actes de la Commissions ne préjugent pas les questions relatives à l'établissement des limites entre Etats dont les côtes sont adjacentes ou se font face ».

221 Voir aussi B. Kwiatkowska, Submissions to the UN Commission on the Limits of the Continental Shelf: The Practice of Developing States in Cases of Disputed and Unresolved Maritime Boundary Delimitations or Other Land Maritime Disputes, IJMCL, 2ème partie, 2013, Pp 619-679.

210 C'est donc avec pertinence que le TIDM soulignait que « Il existe une nette distinction entre la délimitation du plateau continental visée à l'article 83 et le tracé de la limite extérieure de ce plateau visé à l'article 76. Conformément à l'article 76, la Commission a pour fonction d'adresser aux Etats côtiers des recommandations relatives à la fixation des limites extérieures, mais elle le fait sans préjudice des questions de délimitation des espaces maritimes. Le règlement des différends portant sur la délimitation des espaces maritimes fait l'objet des procédures visées à l'article 83 et la partie XV de la Convention, qui prévoient, entre autres, de soumettre le différend à des courts ou tribunaux internationaux »[222]. Cette position est actuellement partagée par la Cour internationale de justice[223] et les autres juridictions internationales[224].

---

[222] TIDM, affaire relative à la délimitation de la frontière maritime entre Bangladesh et Myanmar dans le golfe de Bengale, Bangladesh/Myanmar, Arrêt du 14 mars 2012, para. 377. Par la suite, le TIDM relevait que «De même que les fonctions de la Commission ne préjugent pas de la question de la délimitation du plateau continental entre des Etats dont les côtes sont adjacentes ou se font face, de même, l'exercice par les cours et tribunaux internationaux de leur compétence en matière de délimitation de frontières maritimes, y compris sur le plateau continental, ne préjuge pas davantage de l'exercice par la Commission de ses fonctions relatives au tracé de la limite extérieure du plateau continental », *Ibid.* para. 379.

[223] Dans le différend entre Nicaragua et la Colombie, la Cour allait considérer que « Etant donné que le rôle de la Commission concerne exclusivement la délinéation des limites extérieures du plateau continental, et non la délimitation, l'article 76 de la CNUDM précise en son paragraphe 10 que le présent article ne préjuge pas de la question de la délimitation du plateau continental ... La procédure devant la Commission vise la délinéation de la limite extérieure du plateau continental, et, par conséquent, la détermination de l'étendue des fonds marins qui relèvent des juridictions nationales. Elle est distincte de la délimitation du plateau continental, régie par l'article 83 de la CNUDM, qui est effectuée par voie d'accord entre les Etats concernés ou par le recours aux procédures de règlement des différends », CIJ, question de la délimitation du plateau continental entre le Nicaragua et la Colombie au-delà des 200 milles marins des côtes nicaraguayennes, exceptions préliminaires, Arrêt du 17 mars 2016, RACIJ, 2016, para. 110 et 112.

[224] Le Tribunal arbitral de l'annexe VII constitué, conformément à l'article 287 de la Convention de 1982 sur le droit de la mer, dans le différend entre Bangladesh et Inde relevait que «There is a clear distinction in the Convention between the delimitation of the continental shelf under article 83 of the Convention and the delineation of its outer limits under article 76 ... Whilst the function of settling disputes with respect to the delimitation of maritime boundaries between adjacent or opposite States is entrusted to the dispute settlement procedures

211 Dès lors que les rôles et les missions de la CLPC et des juridictions internationales se trouvent clairement fixés, la conception adoptée par la CLPC quant à la notion de différend ne se justifie plus. Il lui appartient seulement de déterminer la réalité de l'existence d'un rebord externe de la marge continentale faite par l'Etat côtier et, le cas échéant, de faire ses recommandations. Ce qui permettra à l'Etat côtier de fixer les limites extérieures de son plateau continental au-delà de 200 milles marins. Et, dans le cas où il y aurait un chevauchement de zones de plateau continental entre des Etats côtiers, se posera un problème de délimitation qu'il leur incombe de résoudre, soit par voie d'accord, soit en mettant en œuvre les mécanismes de règlement des différends. Aussi a-t-il été souligné que « There is no provision other than the tendentious reading given to the no-prejudice clause that would justify the CLCS refusing, as it has, to carry out the very task that the LOSC brought it into being to perform and has assigned to"[225].

212 Le cas de la mer de Chine traduit exactement l'impossibilité dans laquelle va se trouver la Commission dans l'accomplissement de la mission que lui a assignée la Convention. En effet, en raison de la notion de différend introduite par la Commission dans l'examen des demandes qui lui sont soumises, la délinéation des limites extérieures du plateau continental au-delà de 200 milles marins ne pourra avoir lieu ou elle ne le sera que partiellement, comme dans le cas du Japon. Il s'ensuit que ce sont les procédures de règlement juridictionnel qui seront entreprises par les Etats côtiers pour délimiter leur plateau

---

under Part XV of the Convention, the CLCS plays an indispensable role in the delineation of the continental shelf beyond 200 nm. On the one hand, the recommendations of the CLCS shall not prejudice matters relating to delimitation of boundaries … and on the other hand, the decision of an international court or tribunal delimiting the lateral boundary of the continental shelf beyond 200 nm is without prejudice to the delineation of the outer limits of that shelf. In short, the mandates of these bodies complement one another", Sentence arbitrale du 7 juillet 2014, para. 80.

[225] A. Serdy, The Commission on the Limits of the Continental Shelf and its Disturbing Propensity to Legislate, IJMCL, 2011, p. 336. Cet auteur considérait, en outre, que les dispositions de l'article 76, paragraphe 10 de la Convention et celles de l'article 9 de l'annexe II ne renvoient qu'à la notion de délimitation ; cette notion est distincte de celle de différend que le paragraphe 5(a) de l'annexe I du Règlement de la Commission retient. Or la Convention « entitles the submitting State to expect that its submission will be examined on its technical merits", Ibid. p. 335.

continental étendu. Mais cette procédure n'offre pas les mêmes garanties de stabilité que la procédure de délinéation. Car, la première est affectée par la règle de l'effet relatif dont la conséquence est de ne pas lier les tiers à l'instance[226]. Sans doute, la délimitation entraîne-t-elle l'existence d'une situation objective avec l'institution de la frontière maritime ; mais il ne s'agira que d'une situation précaire puisqu'elle est susceptible d'être contestée par les autres Etats. Au contraire, la seconde s'impose à tous les Etats Parties. En effet, la délinéation du plateau continental suivant les recommandations de la CLPC est définitive et obligatoire pour les Etats Parties. En somme, la délinéation produit une situation qui s'impose à eux, en vertu des obligations découlant de la Convention[227]. C'est ce qui explique que la Convention distingue les deux procédures, la délinéation et la délimitation du plateau continental au-delà de 200 milles marins. Aussi la question peut-elle se poser à propos du statut du plateau continental au-delà de 200 milles marins qui n'aurait pas été soumise à une délinéation conformément aux recommandations de la CLPC.

SECTION SECONDE : LE STATUT DU PLATEAU CONTINENTAL AU-DELA DE 200 MILLES MARINS EN L'ABSENCE DE RECOMMANDATIONS DE LA CLPC

213 Compte tenu des objections des autres Etats côtiers, des zones de plateau continental au-delà de 200 milles marins en mer de Chine ne pourront faire l'objet d'une délinéation faute de recommandations de la CLPC. Il convient, par conséquent, de s'interroger sur le statut de ces zones. A cet égard, deux situations sont susceptibles de se produire. Dans une première perspective, il pourrait se trouver des zones qui n'auront fait l'objet ni d'une délinéation, ni d'une délimitation (paragraphe second). Mais, il pourrait tout aussi s'agir de zones de plateau continental qui auront été délimitées mais pour

[226] Cette garantie en faveur des tiers est encore renforcée par l'effet des dispositions de l'article 59 du Statut de la Cour internationale de justice ou l'article 33, paragraphe 2 du Statut du Tribunal internationale du droit de la mer.

[227] Cette situation conduit à poser la question de l'opposabilité des recommandations de la CLPC aux Etats qui ne sont pas liés par la CNUDM.

lesquelles aucune délinéation n'aura été faite en raison de la persistance du différend (paragraphe premier).

PARAGRAPHE PREMIER : LE STATUT DES ZONES DE PLATEAU CONTINENTAL DELIMITEES SANS QUE LA DELINEATION AIT EU LIEU

214 L'article 76, paragraphe 8 de la Convention de 1982 sur le droit de la mer prévoit explicitement que, lorsque les limites extérieures du plateau continental ont été fixées sur la base des recommandations faites à l'Etat côtier par la CLPC, elles sont « définitives et de caractère obligatoire » – en anglais, « final and binding ». Il s'ensuit que la délinéation des limites extérieures du plateau continental au-delà de 200 milles marins à laquelle procède l'Etat côtier sur la base des recommandations de la CLPC s'impose à tous les autres Etats qui sont tenus de s'y conformer[228]. Ainsi, lorsque le plateau continental d'un Etat au-delà de 200 milles marins a été délimité, y a-t-il la reconnaissance de l'étendue de la zone sur laquelle cet Etat va exercer des droits que le droit international considère comme ne dépendant ni d'une occupation effective ou fictive ou de toute proclamation [229].

[228] Il est certain que l'article 76, paragraphe 8 de la Convention ne précise pas à l'égard de qui ces limites sont définitives et obligatoires. Ce destinataire est nécessairement l'Etat côtier et les autres Etats Parties à la Convention. C'est, donc à tort, qu'une doctrine a pu relever que « Final and binding refers only to the submitting State in that the submitting State, having delineatied its outer limit of the continental shelf and that limit not being challenged by other States, cannot subsequently change the location of its outer limit. To this extent, and to this extent only, would the outer limit be final and binding, not to be contestable and perhaps become an obligation *erga omnes*", voir T. McDorman, The Role of the Commission on the Limits of the Continental Shelf: A Technical Body in a Political World, ILMCJ, 2002, p. 315. Voir à cet égard la Cour internationale de justice qui indique explicitement que ces limites « sont, conformément au paragraphe 8 de l'article 76, de la CNUDM, définitives et de caractère obligatoire à l'égard des Etats Parties à cet instrument », CIJ, question de la délimitation du plateau continental entre le Nicaragua et la Colombie au-delà de 200 milles marins de la côte nicaraguayenne, Nicaragua c. Colombie, Exceptions préliminaires, Arrêt du 17 mars 2016, RACIJ, 2016, para. 108.

[229] Voir article 77, paragraphes 2 et 3 de la Convention de 1982 sur le droit de la mer : Il s'agit, par conséquent, de droits exclusifs et indépendants.

Dans ces conditions l'Etat côtier voit les contours de son plateau continental définis et la délinéation n'a plus d'autre finalité que de reconnaître le caractère définitif et obligatoire à l'espace ainsi déterminé. En d'autres termes, il s'agit de passer d'un espace maritime reconnu uniquement par les Etats litigants à un espace reconnu par tous les Etats Parties.

215 C'est ainsi que l'ILA considérait que « One consequence of the reference to 'Final and binding for other States Parties to the Convention is that they can no longer challenge an outer limit that has become final and binding, even if the parameters on which it is based, such as the base line, changes. This conclusion follows from the fact that the outer limit line becomes final and binding on the coastal State. Only the coastal State is competent to establish the outer limit of its continental shelf and would thus be impossible that an outer limit line that is final and binding on the coastal State can still be changed and not be binding on other States"[230].

216 Dans ces conditions, quand une délimitation du plateau continental au-delà de 200 milles marins a eu lieu, sans qu'un Etat côtier ait été dans la position de procéder à la délinéation dudit plateau continental, la question se posera du statut du plateau continental en cause dans une telle situation. Le problème est celui de savoir si cette délinéation peut être effectuée et dans quel cadre elle pourrait l'être.

217 Il convient de voir que si la délimitation et la délinéation constituent des opérations juridiques distinctes, des rapprochements peuvent néanmoins exister entre elles. C'est ce que soulignait déjà la Cour internationale de justice. Celle-ci notait que l'une et l'autre de ces deux procédures pouvaient connaître des interférences réciproques et, les dispositions de l'article 46 – annexe I – du Règlement de la CLPC étaient destinées précisément à éviter que les actes de la

[230] ILA Report on Legal Issues of the Limits Outer of the Continental Shelf, 2012 Session, p. 807. Toutefois, pour l'ILA, ce caractère définitif et obligatoire n'est pas opposable aux Etats non-Parties à la Convention de 1982 sur le droit de la mer, lesquels n'ont pas manifesté leur consentement. Ibid. p. 804. Ces recommandations n'ont donc pas une force *erga omnes*, comme le soulignait l'ancien juge du TIDM, le regretté Nelson. Cf. L. D. M. Nelson, The Settlement of Disputes Arising from Conflicting Outer Continental Shelf Claims, Pp. 418-419.

Commission ne préjugent des questions de délimitation[231]. Dès lors, si la délimitation du plateau continental a été effectuée, c'est que la question des chevauchements de prétentions relatives au plateau continental aura été, elle aussi, résolue. Il en résulte que tout différend, qui était de nature à empêcher la CLPC de statuer sur la demande, se trouve résolu, et la Commission est pleinement compétente pour faire ses recommandations. En effet, la CLPC étant un organe créé par la Convention de 1982 sur le droit de la mer, les différends pour lesquels cette Commission pourrait se trouver empêchée d'agir ne sont que les conflits relatifs à l'interprétation ou à l'application de ladite Convention[232]. Aussi en présence du règlement du différend ayant existé entre les Parties, la Commission devrait-elle adopter la recommandation qui permettra à l'Etat côtier de fixer les limites extérieures de son plateau continental au-delà de 200 milles marins.

218 Sans doute, après un tel règlement l'une des Parties est-elle susceptible de manifester son opposition à la solution apportée au conflit par la juridiction compétente. Telle est la situation présente en mer de Chine avec la Chine qui ne reconnaît pas la sentence arbitrale en date du 12 juillet 2016 rendue, dans le différend qui l'opposait aux Philippines, par une juridiction arbitrale. Mais, il ne s'agit que de la mauvaise humeur d'un perdant. La sentence arbitrale ainsi que les décisions des autres juridictions, bénéficient de la force obligatoire ; de sorte que la solution qu'elles auront adoptée continuera de s'imposer à toutes les Parties au différend en cause. Dans ces conditions, le différend initial ayant été résolu, la Commission sera tenue d'adopter la recommandation consécutivement à la demande de l'Etat côtier.

219 A première vue, si une juridiction internationale a tranché la question du chevauchement des prétentions relatives à un plateau continental au-delà de 200 milles marins, c'est qu'elle est parvenue à

---

[231] CIJ, question de la délimitation du plateau continental entre la Nicaragua et la Colombie au-delà de 200 milles marins de la côte nicaraguayenne, Nicaragua c. Colombie, Exceptions préliminaires, Arrêt du 17 mars 2016, RACIJ, 2016, para. 113.

[232] Toutefois, le paragraphe 5 (a) de l'annexe I du Règlement de la Commission a compris dans son texte les différends qui concernent la délimitation des frontières terrestres. En mer de Chine, les objections soulevées par les autres Etats ne portent que sur des questions relatives aux frontières maritimes

la conclusion suivant laquelle un tel plateau existait[233]. Autrement dit, il a été établi que le rebord externe de la marge continentale de cet Etat s'étend au-delà de 200 milles marins. Est-il encore indispensable de recourir à la recommandation de la CLPC pour procéder à la délinéation de cette zone de plateau continental ? De façon générale, cette question revient à se demander si les Etats Parties à la Convention de 1982 sur le droit de la mer sont tenus de s'adresser à la CLPC avant de fixer les limites extérieures de leur plateau continental au-delà de 200 milles marins.

220 Une première réponse à cette question a déjà été donnée par la Cour internationale de justice dans l'affaire des pêcheries. A propos de la délimitation maritime, la Cour a constaté qu'il s'agit d'une opération qui est unilatérale car l'Etat seul peut le faire. Mais, c'est une opération qui est internationale par nature et qui ne peut donc être laissée à la seule appréciation de l'Etat côtier. Aussi, dans son célèbre *dictum*, la Cour notait-elle que la validité de cette opération dépend du droit international[234]. En matière de délinéation, la Cour internationale de justice vient de poser également les principes qui y sont applicables. A cet effet, la Cour indique que « la communication à la Commission des informations sur les limites de son plateau continental au-delà de 200 milles marins, qui sont visées au paragraphe 8 de l'article 76 de la CNUDM, est une obligation qui pèse sur le Nicaragua, en tant qu'Etat partie à la CNUDM, alors que l'adoption par la Commission, après examen de ces informations, est une prérogative de celle-ci »[235].

---

[233] Il faut supposer qu'il y ait eu entre les deux Etats côtiers, soit des conflits relatifs à plusieurs points de droit de la mer ou autre puis une décision ayant abouti à la délimitation de la zone de plateau continental étendu, soit, plus simplement, que dès l'origine, il y avait un différend relatif à la délimitation des espaces maritimes dont le règlement a mis fin au conflit ayant existé entre ces deux Etats. Dans les deux cas, il existait entre les Parties une question relative à la détermination de leur frontière maritime qui a été tranchée, alors même que celle concernant la fixation des limites extérieures de cette zone de plateau continental n'est pas encore résolue.

[234] CIJ, affaire des pêcheries, Royaume-Uni c. Norvège, Arrêt du 18 décembre 1951, RACIJ, 1951, p. 132.

[235] CIJ, question de la délimitation du plateau continental entre le Nicaragua et la Colombie au-delà de 200 milles marins sur la côte nicaraguayenne, Nicaragua c. Colombie, Exceptions préliminaires, Arrêt du 17 mars 2016, RACIJ, 2016, para. 107. La Cour avait au préalable souligné que « le Nicaragua était dans

221 Il apparaît donc que l'Etat côtier ne saurait procéder à la délinéation de son plateau continental au-delà de 200 milles marins sans qu'il se soit, au préalable, acquitté de ses obligations conventionnelles, à savoir communiquer à la CLPC les informations relatives à l'identification du rebord externe de la marge continentale se situant au-delà de 200 milles marins. Cependant, même quand il s'est conformé à cette obligation conventionnelle, l'Etat côtier doit encore attendre l'adoption d'une recommandation avant de fixer les limites extérieures de son plateau continental au-delà de 200 milles marins. Car c'est par la recommandation que la CLPC exerce la mission qu'elle a reçue de la Convention de 1982 sur le droit de la mer : assurer que le plateau continental de l'Etat côtier n'empiétera pas sur le domaine de la Zone et de ressource de celle-ci[236]. Et ce sont les limites fixées sur la base des recommandations de la CLPC qui sont considérées comme étant finales et obligatoires, conformément à l'article 76, paragraphe 8 de la Convention de 1982 sur le droit de la mer.

222 Ces indications montrent que la situation va rester longtemps bloquée en mer de Chine. Car il n'existe pratiquement aucun accord de délimitation de frontière maritime dans cette région. Et les Etats riverains de cette mer n'entendent pas facilement résoudre pacifiquement leurs différends. Il s'ensuit que la CLPC continuera d'être bloquée. Dans ces conditions, le plateau continental au-delà de 200 milles marins dans cette mer continuera à ne pas être soumis à la délinéation et à la délimitation. Ainsi quoique le droit à un plateau continental au-delà de 200 milles marins existe-t-il *ab initio*, aucun des Etats de la région ne pourra y pourvoir au moyen d'une action unilatérale. Car, les dispositions conventionnelles en vigueur imposent la mise en œuvre de procédures ne prévoyant l'intervention de tiers. Il ne saurait y avoir de fixation de limites extérieures du plateau continental au-delà de 200 milles marins sans que la CLPC ne soit intervenue pour adopter une recommandation et celle-ci est subordonnée à la communication par l'Etat côtier des informations à

l'obligation, conformément au paragraphe 8 de l'article 76 de la CNUDM, d'adresser à la Commission les informations sur les limites du plateau continental qu'il revendique au-delà de 200 milles marins », Ibid. para. 105.

[236] CIJ, question de la délimitation du plateau continental entre le Nicaragua et la Colombie au-delà de 200 milles marins, Exceptions préliminaires, Arrêt du 27 mars 2016, RACIJ, 2016, para. 109.

la CLPC permettant à celle-ci, précisément, d'adopter des recommandations destinées aux Etats côtiers[237].

PARAGRAPHE SECOND : LE STATUT DE ZONES DE PLATEAU CONTINENTAL NON DELIMITEES ET SANS AUCUNE DELINEATION

223 C'est cette situation qui se rencontrera le plus souvent en mer de Chine – méridionale, orientale et septentrionale – c'est-à-dire la mer Jaune. En effet, les multiples conflits qui y règnent empêchent toute tentative de règlement pacifique de ces différends en même temps qu'ils constituent des facteurs qui contribuent à l'empêchement des interventions de la CLPC, avec la mise en œuvre de l'exception de litige. La situation est très différente de la précédente. Dans celle-ci, l'Etat côtier bénéficiait d'une frontière maritime au-delà de 200 milles marins ; simplement ladite frontière n'avait pas fait l'objet d'une mesure de délinéation ou de fixation des limites extérieures. Autrement dit, dans une telle perspective, l'Etat côtier dispose d'une zone de plateau continental au-delà de 200 milles marins, comme effet de la délimitation. Mais, la limite extérieure de cette zone n'est pas établie, en raison de l'absence de délinéation[238]. Au contraire, dans le cas examiné, il n'y a ni ligne de délimitation ni ligne de délinéation. Il en résulte que l'Etat côtier ne dispose pas de sa zone de plateau continental au-delà de 200 milles marins.

---

[237] Il faut observer que la CLPC a été conduite à procéder à la délinéation des plateaux continentaux au-delà de 200 milles marins alors même que la délimitation juridictionnelle n'a pu avoir lieu que plus tard. Tel a été le cas du Ghana dont le plateau continental étendu a fait l'objet des recommandations de la CLPC en date du 5 septembre 2014 alors même que la délimitation juridictionnelle de son plateau continental étendu n'a eu lieu que le 23 septembre 2017, par Arrêt d'une Chambre du TIDM. Voir TIDM, affaire de la délimitation de la frontière maritime entre le Ghana et la Côte d'Ivoire dans l'océan Atlantique, Arrêt du 23 septembre 2017, para. 482- 527.

[238] C'est en ce sens que la CIJ a pu retenir que « l'absence de délinéation de la limite extérieure du plateau continental ne fait pas, en soi, obstacle à la délimitation de celui-ci entre deux Etats ayant des côtes adjacentes … », CIJ, Affaire de la délimitation maritime dans l'océan Indien, Somalie c. Kenya, fond, Arrêt du 12 octobre 2021, para. 189.

224 La question que soulève une telle situation est celle relative au droit de l'Etat côtier à un plateau continental au-delà de 200 milles marins. A cet égard, il y a lieu de noter que l'article 76, paragraphe 2 de la Convention de 1982 sur le droit de la mer indique que « le plateau continental ne s'étend pas au-delà des limites prévues aux paragraphes 4 à 6 ». Il s'ensuit que l'Etat côtier a droit à une zone de plateau continental qui n'excède pas les 350 milles marins à partir des lignes de base servant à mesurer la largeur de la mer territoriale[239]. Dès lors, il pourrait être possible de dire que le droit à un plateau continental au-delà de 200 milles marins est indépendant de toute intervention de la CLPC en vue de l'établissement de limites définitives et obligatoires, dans le sens de l'article 76, paragraphe 8 de la Convention de 1982 sur le droit de la mer. C'est ainsi qu'une partie de la doctrine relève que « Article 76(2) provides that the continental shelf of a coastal State shall not extend beyond the limits provided for in Article 76(4)-(6). It does not refer to paragraphs 7 to 9 of Article 76, thus indicating that a continental shelf entitlement already exists up to the limits contained in paragraphs 4 to 6 before a coastal State has implemented paragraphs 7 to 9"[240].

225 Une telle conclusion repose sur une conception unitaire du plateau continental – le plateau continental jusqu'à 200 milles marins et celui au-delà de 200 milles marins. Cette conception unitaire avait été articulée pour la première fois par le Tribunal arbitral constitué dans le différend entre Barbade et Trinité et Tobago. Dans sa sentence arbitrale, le Tribunal avait souligné que « in any event, there is in law only a single continental shelf rather than an inner continental shelf and a separate extended or outer continental shelf"[241]. Pourtant, cette

---

[239] Car, conformément à l'article 76, paragraphe 5, la ligne de contrainte reliant tous les points fixes définissant la limite extérieure du plateau continental, ne peut excéder la distance de 350 milles marins des lignes de base à partir desquelles est mesurée la largeur de la mer territoriale.

[240] Cf. A. Oude Elferink, Do the coastal States in South China Sea have a Continental Shelf beyond 200 nautical miles? in S. Jayakumar, T. Koh and R. Beckman (eds), The South China Sea Disputes and Law of the Sea, op. cit. p. 186. Cet auteur poursuit en soulignant que "There is a significant amount of States practice that supports the view that entitlement to a continental shelf beyond 200 nm exists in the absence of final and binding limits", *eod. Loc.*

[241] Différend entre Barbade et Trinité et Tobago, Sentence arbitrale du 11 avril 2006, para. 213.Voir également, TIDM, affaire relative à la délimitation de la frontière maritime entre Bangladesh et Myanmar dans le golfe de Bengale, Bangladesh/Myanmar, Arrêt du 14 mars 2012, para. 454. De même, dans le

conception unitaire du plateau continental n'est vraie qu'en matière de délimitation maritime.

226 En effet, lorsqu'il s'agit d'établir le titre juridique de l'Etat sur le plateau continental au-delà de 200 milles marins, ce ne sont plus les mêmes éléments qui entrent en ligne de compte que dans le titre juridique du plateau continental jusqu'à 200 milles marins. Dans cette dernière perspective, c'est exclusivement la distance qui vient fonder le titre juridique de l'Etat à un plateau continental jusqu'à 200 milles. A l'inverse, à propos du plateau continental au-delà de 200 milles marins, le fondement du titre de l'Etat côtier ne se trouve plus dans la distance. C'est dans le prolongement au-delà de 200 milles marins du rebord externe de la marge continentale de l'Etat que ce dernier va ancrer son titre juridique. C'est la conséquence du fondement du titre de l'Etat, lequel réside dans le principe suivant lequel la terre domine la mer. D'où la conséquence importante suivante : dans le premier cas, il n'y a que la distance qui intervient tandis que dans le second ce ne sont que les éléments de la géologie et de la géomorphologie qui sont pertinents pour établir ce titre.

227 Mais, cette dichotomie comporte une autre conséquence, toute aussi importante. Lorsqu'il s'agit du plateau continental jusqu'à 200 milles marins, c'est une zone qui existe *ipso facto* et *ab initio* et il n'y a nul besoin de le proclamer pour son existence, comme c'est le cas pour la zone économique exclusive[242]. Car le prolongement sous la

---

différend entre l'Inde et le Bangladesh, la sentence arbitrale relevait que « The Parties and the Tribunal agree that there is a single continental shelf. The Tribunal considers that the appropriate method for delimiting the continental shelf remains the same, irrespective whether the area to be delimited lies within or beyond 200 mn », Affaire de la délimitation maritime dans la baie de Bengale, Bangladesh/Inde, sentence arbitrale du 7 juillet 2014, para. 465.

[242] En consacrant cette notion de l'existence *ipso facto* et *ab initio* comme une règle fondamentale du plateau continental, la Cour soulignait que « les droits de l'Etat riverain concernant la zone de plateau continental qui constitue un prolongement naturel de son territoire sous la mer existent *ipso facto* et *ab initio* en vertu de la souveraineté de l'Etat sur ce territoire et par une extension de cette souveraineté sous la forme de l'exercice de droits souverains d'exploration du lit de la mer et d'exploitation de ses ressources naturelles. Il y a là un droit inhérent. Point n'est besoin pour l'exercer de suivre un processus juridique particulier ni d'accomplir des actes juridiques spéciaux », CIJ, affaire du plateau continental de la mer du Nord, Allemagne/Danemark et Allemagne/Pays-Bas, Arrêt du 20 février 1969, para. 19.

mer du territoire terrestre – le fondement du titre juridique – se réalisait hier avec les critères alternatifs de la distance et de la bathymétrie. Aujourd'hui, c'est exclusivement au moyen de la distance qu'il s'accomplit. C'est l'aboutissement de l'évolution de la notion de prolongement naturel dans la doctrine du plateau continental. En revanche, en ce qui concerne le plateau continental au-delà de 200 milles marins, son existence ne peut être établie que par le biais des critères géomorphologiques, géologiques et géophysiques. Il en résulte qu'il n'y a pas partout de plateau continental au-delà de 200 milles marins. L'exemple de la demande du Japon le montre assez clairement. La CLPC a, en effet, indiqué que ce plateau continental n'existait pas dans toutes les zones concernées par la demande[243]. Cette absence de plateau continental signifie qu'il n'y a pas de continuité entre le territoire émergé et le territoire sous la mer[244]. Dans ces conditions, il devient impossible de dire que de tels droits auraient une existence *ipso facto* et *ab initio*.

228 C'est une chose de dire que ces droits sont exclusifs et indépendants de toute occupation ou déclaration, comme le fait l'article 77, paragraphes 2 et 3 de la Convention. Ces caractères s'expliquent par le fait que ce sont des droits souverains que seul l'Etat côtier peut exercer ou consentir à leur exercice par un autre Etat. C'est une autre chose de parler d'existence *ipso facto* et *ab initio*. En l'occurrence, c'est uniquement l'établissement de la continuité territoriale sous la mer qui permet de parvenir à une telle conclusion. Il apparaît ainsi que ce n'est qu'après la recommandation de la CLPC, que les droits de l'Etat côtier sur le plateau continental au-delà de 200 milles marins vont exister. Autrement dit, ce n'est qu'à compter du moment où le lien entre le territoire terrestre de l'Etat côtier et la partie immergée de ce territoire aura été retenu par la CLPC que de tels droits vont acquérir leur caractère de droits souverains[245]. Cette

[243] Ce furent les cas de la région de Minami Tori Shima, et de la région de Mogi Seamount.

[244] C'est ainsi que le TIDM pouvait affirmer, de façon générale, que « toutes les côtes n'ouvrent pas droit à un plateau continental s'étendant au-delà de 200 milles marins », TIDM, affaire de la délimitation de la frontière maritime entre Bangladesh et Myanmar dans le golfe de Bengale, Bangladesh/Myanmar, Arrêt du 14 mars 2012, para. 439.

[245] A cet égard, lorsque le titre de l'Etat côtier est établi sur le fondement de la formule de l'article 76, paragraphe 4 (a)(i), le TIDM a exclu que l'origine géographiques des roches sédimentaires soit déterminante aux fins de conclure

indication est particulièrement mise en relief par l'analyse du Professeur Weil qui retenait que le fondement du titre de l'Etat côtier « se trouve … dans le principe que la terre domine la mer par l'intermédiaire des côtes, autrement dit dans le principe d'adjacence »[246]. De cette conception, il s'ensuit que les droits de l'Etat côtier sur le plateau continental au-delà de 200 milles marins ne peuvent être exercés qu'après la délinéation ou la délimitation. Ce n'est qu'à compter de ce moment que l'exercice de ces droits emportera leur effet procédant du caractère définitif et obligatoire de la ligne de délinéation.

au droit de l'Etat riverain à un plateau continental étendu. Voir, TIDM, affaire de la délimitation de la frontière maritime entre Bangladesh et Myanmar dans le golfe de Bengale, Bangladesh/Myanmar, Arrêt du 14 mars 2012, para. 447.

[246] P. Weil, Perspectives du droit de la délimitation maritime, Paris, Pédone, 1988, p. 55.

CHAPITRE QUATRIEME : LES PROCEDURES DE REGLEMENT DES DIFFERENDS RELATIFS AU DROIT DE LA MER EN MER DE CHINE

229 La question des procédures de règlement des différends survenant à propos de la mer de Chine pose le problème des droits et obligations des Etats riverains au regard des dispositions de la Partie XV de la Convention de 1982 sur le droit de la mer. Inversement, cette même question soulève l'interrogation quant à la pertinence de ces mécanismes de règlement en ce qui concerne les différends survenant en mer de Chine. A cet égard, il y a lieu de souligner que tous les Etats riverains de la mer de Chine, à l'exception du Cambodge, sont liés par les dispositions de cette Convention[247]. La Convention de 1982 sur le droit de la mer pourrait trouver application à l'occasion des conflits relatifs à la qualification de certaines formations insulaires. C'est ainsi que l'un des aspects du litige entre les Philippines et la Chine a été le statut des formations insulaires disputées entre les deux pays en mer de Chine[248]. Mais ce conflit posait également la question relative aux ressources biologiques ou minérales ainsi que d'autres questions liées à la protection de l'environnement marin. Par ailleurs, il pourra s'agir de zones maritimes qui se chevauchent. Dans cette dernière situation, c'est à la détermination d'une frontière maritime qu'il conviendra de parvenir.

230 En tous les cas, cette variété de difficultés concentrées en mer de Chine soulève la question de la faculté de la saisine unilatérale offerte aux Etats-Parties ainsi que de la place laissée par la Convention au mécanisme de consentement mutuel pour la saisine des juridictions internationales. Il reste que la question est rendue encore plus complexe du fait des déclarations de l'article 298 et de l'application de l'article 297 de la Convention de 1982 sur le droit de la mer. Enfin, la délinéation du plateau continental au-delà de 200 milles marins constituera, pendant longtemps encore, une source potentielle de

---

247 Il y a toutefois le cas de Taïwan. Ce pays n'est pas éligible aux procédures d'adhésion ou de ratification de la Convention, en raison de la présence de la Chine parmi les Etats signataires.

248 Voir, Tribunal arbitral, affaire du différend entre les Philippines et la Chine, Compétence et recevabilité, Sentence arbitrale en date du 29 octobre 2015 ; fond, Sentence arbitrale du 16 juillet 2016. Dans ce cas, le différend concernait les îles de Spratly y compris Scarborough shoal.

différend entre les Etats riverains de la mer de Chine. Dans ces conditions, il convient d'examiner la place qui revient au mécanisme de saisine unilatérale des juridictions de l'article 287 de la Convention de 1982 sur le droit de la mer (section première) avant d'analyser la place que continue d'occuper le consensualisme dans le règlement des différends en mer de Chine (section seconde).

SECTION PREMIERE : LA PLACE RESTREINTE LAISSEE A LA SAISINE UNILATERALE

231 A l'évidence, en matière de saisine unilatérale d'une juridiction arbitrale la demande présentée par les Philippines à l'encontre de la Chine aura été une réelle surprise pour les autorités chinoises. Car, celles-ci avaient pris toutes les précautions pour qu'une telle éventualité ne se présente jamais. La Chine est, en effet, le seul Etat riverain de la mer de Chine à avoir souscrit à la déclaration de l'article 298 de la Convention de 1982 sur le droit de la mer[249]. Dans sa déclaration au titre de l'article 297 faite en date du 26 août 2006, la Chine notait ainsi qu'elle ne reconnaissait et n'acceptait aucune des procédures de règlement prévues à Section 2 de la partie XV, de la CNUDM en ce qui concerne toutes les catégories de différends visés au paragraphe 1(a) (b) et (c) de l'article 298[250]. Or, cette déclaration n'a pas suffi au Tribunal arbitral pour se reconnaître incompétent. Le Tribunal arbitral avait considéré qu'il n'était saisi d'aucune question relative à la délimitation maritime. En revanche, pour le Tribunal

---

[249] Cette disposition est rédigée ainsi : « 1. Lorsqu'il signe ou ratifie la Convention ou y adhère, ou à n'importe quel moment par la suite, un Etat peut, sans préjudice des obligations découlant de la section 1, déclarer par écrit qu'il n'accepte pas une ou plusieurs des procédures de règlement des différends prévues à la section 2 en ce qui concerne une ou plusieurs des catégories suivantes de différends : a) i. Les différends concernant l'interprétation ou l'application des articles 15, 74 et 83 relatifs à la délimitation de zones maritimes ou les différends qui portent sur des baies ou titres historiques, pourvu que l'Etat qui a fait la déclaration accepte, lorsqu'un tel différend surgit après l'entrée en vigueur de la Convention et si les Parties ne parviennent à aucun accord par voie de négociations dans un délai raisonnable, de le soumettre, à la section 2 de l'annexe V, et étant entendu que ne peut être soumis à cette procédure aucun différend impliquant nécessairement l'examen simultané d'un différend non réglé relatif à la souveraineté ou à d'autres droits sur un territoire continental ou insulaire … b) les différends relatifs à des activités militaires, y compris les activités militaires des navires et aéronefs d'Etat utilisés pour un service non commercial, et les différends qui concernent les actes d'exécution forcée accomplis dans l'exercice de droits souverains ou de la juridiction et que l'article 297, paragraphe 2 ou 3, exclut de la compétence d'une cour ou d'un tribunal ; c) Les différends pour lesquels le Conseil de Sécurité de l'Organisation des Nations Unies exerce des fonctions qui lui sont conférées par la Charte des Nations Unies, à moins que le Conseil de sécurité ne décide de rayer la question de son ordre du jour ou n'invite les parties à régler leur différend par les moyens prévus dans la Convention ».

[250] Cf. http://www.treaties.un.org. org/Pages.

arbitral, la demande introduite par les Philippines tendait à déterminer la source des prétentions maritimes des Parties et le statut de certaines formations insulaires dans les Spratly[251]. Il en résultait que la demande des Philippines, n'entrait pas dans le cadre des prévisions de l'article 297 et, le Tribunal arbitral constitué selon la formule de l'annexe VII de la Convention de 1982 sur le droit de la mer, pourrait être saisi au moyen d'une requête unilatérale. Il y a lieu, par conséquent, d'analyser les restrictions apportées à la saisine unilatérale, soit par l'effet des déclarations faites par les Etats Parties (paragraphe premier), soit par la réalité de la nature juridique même des différends existant entre les Parties en mer de Chine (paragraphe second).

PARAGRAPHE PREMIER : L'EFFET DES DECLARATIONS FAITES PAR LES PARTIES

232 Les déclarations mentionnées en l'espèce ne sont pas celles qui sont faites au titre de l'article 287 de la Convention de 1982 sur le droit de la mer. En effet, de telles déclarations n'emportent aucune incidence sur les modalités de la saisine de la juridiction compétente dans un litige. Car, la saisine unilatérale est organisée par l'article 286 de ladite Convention. Ainsi, en choisissant la juridiction qui serait compétente dans les différends relatifs à l'application ou à l'interprétation de la Convention de 1982 sur le droit de la mer, les Etats Parties ne font-ils qu'exprimer leur préférence à propos du *forum* chargé du règlement de ces différends. En revanche, les modalités de la saisine de ce *forum* restent gouvernées par l'article 286 de la même Convention. En ce sens, il paraît pertinent de relever que le consensualisme régit, non seulement la désignation de l'organe juridictionnel chargé du règlement du différend en cause, mais également la saisine de la juridiction compétente[252]. C'est cette règle,

[251] Tribunal arbitral, affaire du différend entre les Philippines la Chine, Compétence et recevabilité, Sentence arbitrale du 29 octobre 2015, para. 398-411.

[252] Sans doute l'article 287, paragraphe 5, de la Convention de 1982 sur le droit de la mer semble remettre en cause ce consensualisme en prévoyant la procédure d'arbitrage de l'annexe VII lorsque les parties litigantes n'ont pas accepté le même organe de règlement de différend. Néanmoins, la même disposition indique explicitement qu'il n'en est ainsi que si les deux Parties n'en conviennent autrement. Ainsi, même dans une telle situation, le volontarisme est-

déjà affirmée en droit international général[253], que la Convention de 1982 sur le droit de la mer a reprise pour en faire une règle conventionnelle. La règle est contenue dans les deux dispositions des articles 287 et 286 de la Convention.

233 Par sa consécration dans la Convention de 1982 sur le droit de la mer, l'exigence du double consentement – à la compétence et la saisine unilatérale de la juridiction – conduit à ce qu'un Etat Partie à la Convention ne pourra pas se voir imposer une procédure de règlement d'un différend existant entre lui et un autre Etat Partie. Mais, précisément, en devenant Partie à la Convention de 1982 sur le droit de la mer, l'Etat donne son consentement à la faculté de saisine unilatérale. Dès lors, l'article 286 de cette Convention constitue un fondement permettant de justifier la saisine unilatérale d'une juridiction internationale compétente au regard de l'article 287 à propos d'un différend relatif à l'interprétation ou à l'application de la Convention survenu entre des Etats Parties. Il apparaît de la sorte qu'un Etat Partie ne saurait faire obstacle à la mise en œuvre de l'article 286 de la Convention en se prévalant d'une absence ou d'un défaut de consentement spécifique à un différend donné. Si elle avait été admise, une telle prétention aurait eu pour effet de remettre en cause les procédures obligatoires aboutissant à des décisions obligatoires pour le règlement des différends relatifs à l'interprétation ou à l'application de la Convention. Il s'ensuit que, étant Parties à la Convention de 1982 sur le droit de la mer, les Etats ont, par conséquent, consenti au régime mis en place par la Convention aux fins du règlement pacifique des différends nés à l'occasion de l'interprétation ou de l'application de cette Convention. De ce fait, ces Etats Parties ont également consenti à l'application des procédures de règlement mises en place dans la Partie XV de la Convention, de sorte que le consentement préalable à la saisine de la juridiction compétente n'est plus requis. Aussi, en devenant Parties à la Convention de 1982 sur le droit de la mer, les Etats consentent-ils à ce que les différends relatifs à l'interprétation ou à l'application de la Convention qui les

---

il susceptible de conduire à l'échec de la mise en œuvre de procédures unilatérales de règlement des différends.

253 Voir CIJ, affaire de la délimitation maritime et des questions territoriales entre Qatar et Bahreïn, Qatar c. Bahreïn, compétence et recevabilité, Arrêt du 15 février 1995, RACIJ, 1995, para. 43. Cf. en outre, P. Weil, Compétence et saisine : un nouvel aspect du principe de la juridiction consensuelle, in Ecrits de droit international, Paris, PUF, 2000, Pp. 101-116.

concerneraient soient portés par requête unilatérale devant la juridiction internationale compétente.

234 Cependant, cette indication ne veut pas dire que tous les différends portant sur l'interprétation ou l'application de la Convention de 1982 sur le droit de la mer vont être soumis aux procédures de règlement obligatoires aboutissant à des décisions obligatoires mises en place par la Partie XV de la convention. En effet, il existe des limitations et des exclusions à l'application de ces procédures obligatoires en ce qui concerne certains différends. A cet égard, l'article 297 de la Convention a soustrait certaines catégories de différends du régime du règlement obligatoire aboutissant à des décisions obligatoires[254]. Or, l'article 298 de la Convention est venu élargir ces exclusions en permettant à l'Etat Partie, au moyen d'une

[254] Voir également l'analyse du Tribunal arbitral dans l'affaire de l'aire marine protégée du Chago, Maurice c. Royaume-Uni. Dans cette affaire, le Tribunal arbitral constitué conformément à l'annexe VII de la Convention et en vertu de l'article 287 avait indiqué que « Article 297(1) reaffirms a tribunal's jurisdiction over the enumerated cases and (through article 294) imposes additional safeguards ; it does not restrict a tribunal from considering disputes concerning the exercise of sovereign rights and jurisdiction in other cases. Where a dispute concerns the interpretation or application of the Convention, and provided that none of the express exceptions to jurisdiction set out in Article 297 (2) and 297(3) are applicable, jurisdiction for the compulsory settlement of the dispute flows from Article 288 (1). It is not necessary that the Parties 'dispute also fall within one of the cases specified in Article 297(1)", Sentence arbitrale du 18 mars 2015, para. 317.
Dans l'affaire du Thon à nageoire bleue, le Tribunal arbitral constitué conformément à l'annexe VII et en vertu de l'article 287 de la Convention avait adopté une interprétation très restrictive de l'article 297, de la Convention de 1982 sur le droit de la mer. Pour ce Tribunal arbitral, les limitations de compétence juridictionnelle prévues par cette disposition ne concernaient que l'exercice de droits souverains ou discrétionnaires, de la compétence et de la juridiction dans la zone économique exclusive mais uniquement dans les matières expressément et spécifiquement indiquées dans cette disposition. Cf. affaire du Thon à nageoire bleue, Australie c. Japon et Nouvelle-Zélande c. Japon, Sentence arbitrale du 4 août 2000, para. 61.
Dans l'affaire du différend entre les Philippines et la Chine, le Tribunal arbitral allait considérer, quant à lui, que l'article 297, spécialement son paragraphe 3, trouvait application lorsque les faits en cause avaient eu lieu dans la zone économique exclusive de l'Etat côtier concerné ou dans la zone de chevauchement de prétentions maritimes. Voir, affaire du différend entre les Philippines et la Chine, compétence et recevabilité, Sentence arbitrale du 29 octobre 2015, para. 359.

déclaration, de retirer du mécanisme de règlement obligatoire, des différends déterminés.

235 De fait, en application de l'article 298, l'Etat Partie est fondé à soustraire de la procédure de règlement obligatoire aboutissant à des décisions obligatoires, les différends concernant l'interprétation ou l'application des articles 15, 74 et 83 relatifs à la délimitation des frontières maritimes[255] ainsi que ceux portant sur des baies ou titres historiques[256]. A cet égard, le Tribunal arbitral constitué dans le différend entre les Philippines et la Chine devait indiquer que, s'agissant des titres historiques, l'exception de l'article 298 de la Convention ne concernait que les différends portant sur les titres historiques et non pas sur les droits historiques[257]. La même indication peut également être faite à propos des différends relatifs à des activités militaires, y compris celles portant sur les navires et aéronefs d'Etat utilisés pour un service non commercial. Elle peut encore concerner les actes d'exécution forcée accomplis dans l'exercice de droits souverains ou de juridiction qui sont exclus de la compétence d'un organe juridictionnel par l'article 297, paragraphes 2 et 3 de la Convention. Enfin, la déclaration de l'article 298 de la Convention est susceptible de concerner les différends pour lesquels le Conseil de Sécurité de l'ONU exerce les fonctions que lui confère la Charte.

236 C'est sur le fondement de cette disposition de la Convention que la Chine et la Corée du Sud ont souscrit des déclarations précisant

---

[255] Le Tribunal arbitral constitué dans le différend entre les Philippines et la Chine allait souligner cet aspect de l'article 298. Voir Sentence arbitrale du 12 juillet 2016, para. 204.

[256] L'article 298, paragraphe 1(a) (i) précise toutefois que l'Etat auteur de la déclaration d'exclusion doit accepter de soumettre un tel différend à la demande de l'une des parties à la procédure de conciliation prévue à l'annexe V, section 2. Cette faculté n'est réservée qu'aux différends survenus après l'entrée en vigueur de la Convention et à la condition que les Parties ne parviennent pas à un accord par voie de négociation dans un délai raisonnable.

[257] Selon le Tribunal arbitral, « a reference to historic titles in Article 298 (1) (a) (i) is accordingly a reference to claims of sovereignty over maritime areas derived from historical circumstances ... Other historic rights, in contrast, are nowhere mentioned in the Convention, and the Tribunal sees nothing to suggest that Article 298 (1) (a) (i) was intended to also exclude jurisdiction over a broad and unspecified category of possible claims to historic rights falling short of sovereignty", Sentence arbitrale du 12 juillet 2016, para. 226. Cf. en outre, para. 229.

que chacun de ces deux Etats n'acceptait pas les procédures obligatoires aboutissant à des décisions obligatoires en ce qui concerne tous les différends visés à l'article 298, paragraphe 1er (a), (b) et (c)[258]. L'effet de la déclaration fondée sur l'article 298 de la Convention de 1982 sur le droit de la mer est de parvenir à la situation où les différends visés par cette disposition ne pourront plus être portés unilatéralement – donc par la seule application de l'article 286 – devant la juridiction internationale compétente. Il en résulte que de catégories importantes de différends échappent à la faculté de saisir unilatéralement la juridiction compétente pour leur règlement.

237 Il en est ainsi des différends relatifs à la délimitation des frontières maritimes. Puisque, par leurs déclarations, la Chine et la Corée du Sud ont entendu exclure du mécanisme de règlement obligatoire aboutissant à des décisions obligatoires les différends survenus à propos des articles 15, 74 et 83 de la Convention de 1982 sur le droit de la mer, ce sont donc tous les différends portant sur la délimitation maritime qui sont concernés par cette déclaration. A cet égard, une partie de la doctrine a tenté de distinguer les différends concernant la délimitation des frontières maritimes de ceux relatifs à l'interprétation ou à l'application des articles 15, 74 et 83 portant sur la délimitation maritime. Selon cette doctrine, « to be excluded, the dispute has to be about the interpretation or application of Articles 15, 74, 83 on the delimitation of the territorial sea, EEZ or continental shelf boundaries …"[259].

238 En réalité, cette doctrine aboutit à consacrer une distinction artificielle. Car un différend relatif à la délimitation maritime est un litige qui soulève des questions d'interprétation ou d'application des dispositions de la Convention de 1982 ayant trait à la définition des frontières maritimes. Dès lors, tout litige portant sur la délimitation maritime sera un différend qui revient à déterminer l'application des articles 15, 74 ou 83 de la Convention[260].

---

[258] Chine, déclaration en date du 25 août 2006 ; Corée du Sud, déclaration en date du 18 avril 2006. Cf. www.treaties.un.org/Pages/ParticipationStatus.aspex

[259] R. Beckman, UNCLOS Part XV and the South China Sea, in S. Jayakumar, T. Koh and R. Beckman (eds), The South China Sea and Law of the Sea, op. cit. p. 245.

[260] Il convient de souligner que l'exclusion de ces différends du champ d'application de la Partie XV de la Convention de 1982 sur le droit de la mer les soumet,

239 Sans doute dans le différend entre les Philippines et la Chine, le Tribunal avait-il à déterminer si la demande introduite par les Philippines concernait la délimitation maritime ou si elle ne portait que sur la définition du statut des formations maritimes dans la mer de Chine. Dans le premier cas, la déclaration chinoise, faite en vertu de l'article 298 de la Convention, trouvait application, alors que dans le second cas, cette déclaration ne présentait aucune pertinence. A cet égard, le Tribunal arbitral allait considérer que dans la demande présentée par les Philippines, cet Etat « has challenged the existence and extent of the maritime entitlements claimed by China in the South China Sea … The Philippines has not requested the Tribunal to delimit any overlapping entitlements between the two States …"[261]. Il en résulte que le différend en cause ne posait aucune question relative à l'interprétation ou à l'application de la Convention de 1982 sur le droit de la mer quant à ses articles 15, 74 et 83. En conséquence, il ne rentrait pas dans le cadre de l'application de l'article 298 de la Convention.

240 Néanmoins, les dispositions de l'article 298 de la Convention peuvent être applicables même en matière de différend ne portant pas directement sur la délimitation maritime. Tel est le cas, ainsi que devait le souligner le Tribunal arbitral, lorsque les demandes d'une Partie, bien que n'étant pas relatives à la délimitation maritime, concernent une zone où leurs prétentions maritimes se chevauchent. Dans cette situation, « … the resolution of the merits of the … claims would not be possible without first delimiting the overlapping entitlements…"[262]. Il apparaît ainsi que les dispositions de l'article 298 de la Convention de 1982 sur le droit de la mer s'appliquent tant aux différends relatifs à la délimitation maritime qu'à ceux portant sur l'interprétation des articles 15, 74 et 83 de la même Convention.

241 En raison de la portée que reçoit de la sorte l'article 298 de la Convention de 1982 sur le droit de la mer, il devient certain que les procédures de règlement obligatoire de différends aboutissant à des

néanmoins, à la procédure de conciliation obligatoire prévue à l'annexe V de cette Convention.

[261] Affaire du différend entre les Philippines et la Chine, Compétence et recevabilité, Sentence arbitrale du 29 octobre 2015, para. 157.

[262] Affaire du différend entre les Philippines et la Chine, compétence et recevabilité, Sentence arbitrale du 29 octobre 2015, para. 369. Voir en outre para. 401, 403 et 405.

décisions obligatoires et surtout la faculté offerte aux Etats Parties par l'article 286 de la Convention de saisir unilatéralement la juridiction compétente en application de l'article 287 de la Convention ne porteront que sur une part très faible des différends survenant entre les Etats Parties. Il ne pourrait, de ce point de vue, concerner les différends relatifs à la nature ou aux sources des droits des Etats Parties. En ce sens, il s'agira de déterminer la nature exacte des formations géographiques localisées en mer de Chine, ainsi que le conflit entre les Philippines et la Chine l'a révélé. Ce n'est que dans cette mesure que pourra être évitée l'incompétence de la juridiction internationale au regard des déclarations souscrites sur le fondement de l'article 298 de la Convention de 1982 sur le droit de la mer.

242 Or, une telle détermination ne produit ses effets que sur les prétentions maritimes des Etats Parties. Car, en raison de la nature retenue de la formation maritime concernée, les Etats Parties pourront prétendre ou non à des zones maritimes générées par les formations en cause. Mais en mer de Chine, les conflits les plus marqués sont relatifs à la souveraineté sur les formations géographiques insulaires. A ce titre, il s'agit de résoudre, à la fois, des différends de souveraineté territoriale – ce qui ne concerne pas le droit de la mer – et de définir les limites à l'exercice de compétence sur ces formations insulaires. C'est dans cette dernière perspective que vont se poser des questions de délimitation maritime. Ainsi la caractéristique même des différends qui existent actuellement en mer de Chine est-elle de porter sur des questions de délimitation maritime et de définition de souveraineté territoriale. De sorte que, par l'effet des déclarations faites en vertu de l'article 298 de la Convention, ces différends, beaucoup plus nombreux et plus irritants, vont persister, nonobstant la décision qui serait rendue à propos de la nature et la source des droits des Etats Parties sur les formations insulaires en cause[263].

---

[263] L'annexe V de la Convention soumet ces différends à la procédure obligatoire de conciliation. Mais, le rapport de la Commission de conciliation n'est pas obligatoire pour les Parties. La seule obligation qui s'impose à elles est de négocier de bonne foi sur la base dudit rapport. Faute d'un accord, l'article 298 de la Convention indique que les Parties soumettent le différend par consentement mutuel aux procédures de la Section 2, à moins qu'elles n'en conviennent autrement. Il en résulte que l'accord de chacune des Parties est indispensable pour saisir les juridictions compétentes en vertu de l'article 287 de

243 Sans doute, convient-il de noter, que le Tribunal arbitral dans le différend entre les Philippines et la Chine a adopté à une vue très étroite de la notion de différend relatif à la délimitation. En effet, le Tribunal arbitral soulignait que « a dispute concerning the existence of an entitlement to maritime zones is distinct from a dispute concerning the delimitation of those zones in an area where the entitlements of the parties overlap"[264]. Il s'ensuit que des litiges pour lesquels, il n'y aurait pas lieu ou qui n'aboutiraient pas à une délimitation ne relèveront pas du champ d'application de l'article 298 de la Convention. Tel est le cas des différends qui porteraient sur des contestations de lignes de base retenues ou tracées par un Etat Partie. Cependant, il a été établi précédemment que tous les Etats riverains de la mer de Chine avaient, soit recouru aux lignes de base droites de manière erronée, soit, tiré leurs lignes de base droites ou les lignes archipélagiques d'une façon contraire aux dispositions de la Convention[265]. Dans ces conditions, étant eux-mêmes volontairement dans l'erreur, ils ne vont pas contester le tracé réalisé par un autre Etat riverain.

244 En définitive, les seuls différends qui pourraient encore relever de l'article 286 de la Convention ne vont concerner que l'exercice par l'Etat Partie de ses droits souverains et de juridiction dans sa zone économique exclusive au regard des articles 56 et 58 de la Convention de 1982 sur le droit de la mer. De fait, l'article 297, paragraphe 1er de la Convention prévoit explicitement la compétence des juridictions de l'article 287 et, par conséquent, la saisine unilatérale. Tel sera le cas lorsque l'Etat Partie aura enfreint les dispositions de la Convention ou les lois et règlements qu'il a adoptés en matière de liberté et de droit de navigation, de survol ou de pose des pipelines et des câbles sous-

---

la Convention. Il s'agit d'une question de compétence pour la juridiction qui serait saisie.

[264] Affaire du différend entre les Philippines et la Chine, compétence et recevabilité, Sentence arbitrale du 29 octobre 2015, para. 156. Le Tribunal arbitral poursuivait ainsi: « While fixing the extent of parties' entitlements and the area in which they overlap will commonly be one of the first matter to be addressed in the delimitation of a maritime boundary, it is nevertheless a distinct issue. A maritime boundary may be delimited only between States with opposite or adjacent coasts and overlapping entitlements. In contrast, a dispute over claimed entitlements may exist even without overlap ...", *ibid.*, para. 156.

[265] Voir également, J. Ashley Roach and R. W. Smith, Excessive Maritime Claims, Leiden, M. Nijhoff, 2012, Pp. 98 et 99-101, à propos des lignes de base droites de la Chine et du Viet Nam.

marins ainsi que s'agissant des utilisations de la mer aux fins internationalement licites prévues à l'article 58 de la Convention de 1982 sur le droit de la mer. Il en ira de même quand l'Etat Partie aura contrevenu aux règles ou normes de droit international visant à la protection et à la préservation du milieu marin.

245 Cette tendance à vider de toute substance la faculté de saisine unilatérale s'est poursuivie avec les dispositions de l'article 297 de la Convention.

PARAGRAPHE SECOND : LES EFFETS DE L'ARTICLE 297 DE LA CONVENTION DE 1982

246 En l'espèce, ce n'est plus par la volonté de l'Etat Partie mais exclusivement du fait de la Convention elle-même que la saisine unilatérale des juridictions de l'article 287 de la Convention est rendue impossible. Cette impossibilité, qui se traduit par l'incompétence de ces juridictions, s'explique par la nature des différends en cause. Sans doute l'article 297 de la Convention ne comporte-t-il pas dans son intégralité la limitation *ratione materiae* à la compétence des juridictions de l'article 287 de la Convention. Car, son paragraphe premier est très explicite pour attribuer la compétence auxdites juridictions en matière de liberté de navigation, de survol et de pose des câbles et pipelines sous-marins ainsi que pour assurer le respect par les Etats côtiers, d'une part, des utilisations de la mer à des fins internationalement licites et, d'autre part, des règles et normes de droit international relatives à la protection et à la préservation du milieu marin[266]. Dans toutes ces situations, il s'agit de veiller à l'exercice par

---

[266] L'article 297, paragraphe 1er de la Convention de 1982 sur le droit de la mer indique que « Les différends relatifs à l'interprétation ou à l'application de la Convention quant à l'exercice par un Etat côtier de ses droits souverains ou de sa juridiction tels que prévus dans la Convention sont soumis aux procédures de règlement prévues à la section 2 dans les cas où : a) il est allégué que l'Etat côtier a contrevenu à la Convention en ce qui concerne la liberté et le droit de navigation ou de survol ou la liberté et le droit de poser des câbles et des pipelines sous-marins, ainsi qu'en ce qui concerne les utilisation de la mer à des fins internationalement licites visées à l'article 58 ; b) il est allégué que, dans l'exercice de ces libertés et droits ou dans ces utilisations, un Etat a contrevenu à

l'Etat côtier des droits souverains et de juridiction qu'il tient des articles 56 et 58 de la Convention dans la zone économique exclusive.

247 Néanmoins, les paragraphes 2 et 3 de l'article 297 de la Convention comportent des limitations à la compétence des juridictions visées à l'article 287. C'est ainsi que, s'agissant des différends relatifs à l'interprétation ou à l'application de la Convention en matière de recherche scientifique marine, l'article 297, paragraphe 2 (a) précise explicitement que l'Etat côtier n'est pas tenu d'accepter que soit soumis à la procédure obligatoire de règlement aboutissant à des décisions obligatoires, les différends qui procèdent, soit de l'exercice par cet Etat côtier d'un droit ou d'un pouvoir discrétionnaire conformément à l'article 246 de la Convention, soit, de la décision de cet Etat côtier de suspendre ou de faire cesser un projet de recherche conformément à l'article 253 de la Convention[267]. De la même façon, l'article 297, paragraphe 3 retient, à propos des différends relatifs à l'interprétation ou à l'application de la Convention en matière de pêcheries, que l'Etat côtier n'est pas tenu d'accepter que de tels litiges soient soumis à la procédure de la section 2 de la partie XV de la Convention. Il en est ainsi lorsque sont en cause ses droits souverains sur les ressources biologiques de sa zone économique exclusive ainsi que l'exercice de ces droits et son pouvoir discrétionnaire de fixer le volume admissible de capture et sa capacité de pêche, de répartir le reliquat entre d'autres Etats ainsi que de

---

la Convention ou aux lois ou règlements adoptés par l'Etat côtier en conformité avec les dispositions de la Convention et les autres règles du droit international qui ne sont pas incompatibles avec celui-ci ; ou c) il est allégué que l'Etat côtier a contrevenu à des règles ou normes internationales déterminées visant à protéger et à préserver le milieu marin qui lui sont applicables et qui ont été établies par la Convention, ou par l'intermédiaire d'une organisation internationale compétente ou d'une conférence diplomatique agissant en conformité avec la Convention ».

[267] En ce qui concerne les différends pour lesquels il est allégué par l'Etat chercheur que l'Etat côtier n'exercerait pas, à l'occasion d'un projet de recherche déterminé, les droits que lui confèrent les articles 246 et 253 de la Convention d'une manière compatible avec celle-ci, ils sont soumis à la procédure de conciliation prévue à la section 2 de l'annexe V. Toutefois, l'article 297, 2 (b) précise que la Commission de conciliation ne doit pas mettre en cause l'exercice par l'Etat côtier de son pouvoir discrétionnaire de désigner des zones spécifiques ou son pouvoir discrétionnaire de refuser de consentir à l'exécution de projets de recherche dans les conditions prévues par l'article 246, paragraphe 5 de la Convention.

définir les modalités et conditions touchant à la conservation et à la gestion de ces ressources[268]. C'est le recours à la conciliation organisée par l'annexe V de la Convention qui est la procédure applicable en la matière. Il apparaît ainsi que dans toutes ces matières, la faculté de saisine unilatérale ne peut être exercée par un Etat Partie à l'encontre d'un autre Etat Partie. Car, l'Etat côtier défendeur ne manquerait pas d'exciper l'incompétence de la juridiction saisie. Ces indications montrent donc que c'est l'exercice des pouvoirs et compétence que la Convention reconnaît à l'Etat côtier dans la zone économique exclusive qui entre dans le champ d'application des limitations de compétence juridictionnelle consacrées par l'article 297 de la Convention. Et, précisément, la Chine et la Corée du Sud ont dans leurs déclarations compris cette exception, de sorte qu'elle trouve à s'appliquer également en mer de Chine.

248 En raison des effets de l'article 297, paragraphes 2 et 3 de la Convention, ce sont les différends relatifs à la recherche marine et ceux concernant la pêche qui échappent aux procédures de règlement obligatoire aboutissant à des décisions obligatoires. Or, justement, les enjeux de puissance en mer de Chine trouvent l'une de leurs explications dans l'importance des pêcheries dans cette région. Ce sont, par conséquent, les différends qui procéderaient des pêcheries qui ne relèveraient plus des procédures de règlement juridictionnel instituées par la section 2 de la Partie XV de la Convention.

[268] Il convient de souligner que si l'article 297, paragraphe 3 de la Convention ne porte que sur l'exercice des droits souverains et de juridiction de l'Etat côtier, l'article 298, paragraphe 1er (b) autorise les Etats côtiers à exclure du champ d'application des procédures de règlement obligatoire aboutissant à des décisions obligatoires, les actes d'exécution forcée accomplis dans l'exercice de droits souverains ou de juridiction. De fait, l'article 297, paragraphes 2 et 3 exclut déjà de ces procédures l'exercice de droits souverains ou de juridiction. Ainsi les actes d'exécution forcée pris par l'Etat côtier à l'encontre des navires étrangers accomplissant des actes de pêche en violation de ses lois et règlements peuvent-ils faire l'objet d'une déclaration de l'article 298 et, être soustraits de la compétence des juridictions de l'article 287 de la Convention. Voir, également Affaire du différend relatif aux droits de l'Etat côtier dans la mer Noire, la mer d'Azov et le détroit de Kerch, Ukraine c. Fédération de Russie, compétence et recevabilité, sentence arbitrale du 21 février 2020, para. 298-402 ; Affaire de ENRICA LEXIE Incident, Italie c. Inde, sentence arbitrale du 21 mai 2020, para. 779 et s.

249 Mais il convient, à cet égard, de se demander si tous les différends portant sur ces matières sont exclues de cette compétence ou s'il ne s'agit que ceux qui se produisent dans la zone économique exclusive. C'est la question du champ d'application des exceptions posées par l'article 297 de la Convention. Cette question est double. D'une part, elle revient à s'interroger sur le fait de savoir si l'article 297 de la Convention ne concerne que les matières qu'il a expressément visées et, d'autre part, la même question conduit à se demander si l'article 297 ne trouve son application que dans les différends relatifs à la zone économique exclusive.

250 Il est certain que les dispositions de l'article 297, paragraphe 3 de la Convention concernent la zone économique exclusive[269]. Le libellé même de cet article le précise puisqu'il indique explicitement que ce sont les droits souverains ou de juridiction portant sur les pêcheries de la zone économique exclusive qui sont exclus des procédures obligatoires aboutissant à des décisions obligatoires. Au surplus, les notions de droits souverains et de juridiction renvoient à la nature des compétences reconnues à l'Etat côtier dans sa zone économique exclusive. De fait, l'article 56 de la Convention précise clairement la nature de ces droits en relevant que dans la zone économique exclusive, l'Etat côtier a « des droits souverains ... [et] juridiction ... ».

251 Ainsi, l'article 297, paragraphe 3 de la Convention est-il limité aux différends portant sur les pêcheries dans la zone économique exclusive de l'Etat côtier en cause. C'est, par conséquent, à juste titre, que le Tribunal arbitral de l'annexe VII constitué dans le différend entre les Philippines et la Chine allait écarter l'application de cette disposition dans la mer territoriale[270]. Et, de la même façon que

[269] La référence aux droits souverains aurait pu conduire à soutenir que cette disposition s'appliquait également au plateau continental, car l'Etat côtier y exerce des droits souverains. Voir l'article 77, paragraphe 1er de la Convention de 1982 sur le droit de la mer. Toutefois, la genèse de l'article 297 montre que la disposition n'est destinée qu'à la mise en œuvre des compétences de l'Etat côtier dans sa zone économique exclusive. Sur cette genèse, cf. affaire de l'aire marine protégée de Chago, Maurice c. Royaume-Uni, Sentence arbitrale du 18 mars 2015, para. 306-314.

[270] C'est à propos des droits de pêche des ressortissants philippins de Scarborough Shoal que le Tribunal arbitral devait considérer qu'il y avait lieu d'examiner au fond la demande n° 10 des Philippines dès lors que cet Etat avait établi que les activités de pêche en cause ont eu lieu dans la zone de 12 milles marins des côtes

l'article 297, paragraphe 3 de la Convention de 1982 sur le droit de la mer ne trouvera aucune application dans le cadre d'un différend survenu dans la mer territoriale, cette disposition sera également inopérante, pour les mêmes raisons, s'agissant d'un différend lié aux pêcheries qui naîtrait en haute mer ou dans la Zone. Cette approche, consistant à circonscrire l'application de l'article 297, paragraphe 3 de la Convention à la zone économique exclusive, a été également adoptée par le Tribunal arbitral qui avait été constitué dans l'affaire du Thon à nageoire bleue[271]. Telle fut encore la démarche retenue par le Tribunal arbitral qui avait statué dans l'affaire de l'aire marine protégée de Chago[272].

252 Ces indications traduisent, par conséquent, l'intérêt de parvenir à une délimitation maritime en mer de Chine. En effet, c'est seulement cette délimitation qui permettra de déterminer le champ d'application de certaines dispositions de la Convention. Précisément, la délimitation maritime constituera le procédé adéquat pour s'assurer que les Etats Parties exercent les droits qu'ils tiennent de la Convention conformément aux prescriptions de celle-ci. Car, si l'article 56 de la Convention de 1982 sur le droit de la mer reconnaît aux Etats côtiers des droits souverains et de juridiction dans la zone économique exclusive, l'article 58 de la même Convention attribue aussi des droits aux autres Etats dans la zone économique exclusive. C'est le cas du droit qui leur est reconnu d'utiliser la mer à des fins internationalement licites[273]. Dans ces conditions, la définition des espaces maritimes appartenant à chaque Etat devient une préoccupation essentielle quant à l'application de la Convention. Il s'agit d'une préoccupation d'autant plus essentielle que cette délimitation ne concerne pas les territoires continentaux des Etats de

---

de Scarborough Shoal et que « its jurisdiction to address this dispute is not dependent on a prior determination of sovereignty over Scarborough. Articles 297 and 298 of the Convention have no application in the territorial sea and thus impose no limitation on the Tribunal's jurisdiction", affaire du différend entre les Philippines et la Chine, compétence et recevabilité, Sentence arbitrale du 29 octobre 2015, para. 407.

271 Affaire du Thon à nageoire bleue, Australie c. Japon et Nouvelle-Zélande c. Japon, Sentence arbitrale du 4 août 2000, para. 61.

272 Affaire de l'aire marine protégée de Chago, Maurice c. Royaume-Uni, Sentence arbitrale du 18 mars 2015, para. 308.

273 Il est vrai que le droit à l'utilisation de la mer à des fins internationalement licites semble lié aux libertés dont jouissent ces autres Etats en matière de pose de câbles et de pipelines sous-marins, de liberté de navigation et de survol.

la mer de Chine, mais une pluralité d'îles éparpillées au milieu de cette mer où se développent les activités de pêche.

253 Il reste que, si l'accord se fait en ce qui concerne l'application de l'article 297, paragraphe 3 de la Convention dans la zone économique exclusive de l'Etat côtier, il y a des divergences, en revanche, quant à sa portée. La question est de savoir si cette disposition trouve matière à application à propos de tous les différends relatifs aux pêcheries ou si son empire serait limité uniquement aux différends qui y sont spécifiquement indiqués.

254 A cet égard, le Tribunal arbitral constitué dans l'affaire du Thon à nageoire bleue avait considéré que les dispositions de l'article 297, paragraphe 3 de la Convention de 1982 sur le droit de la mer ne pouvaient être applicables qu'aux différends visés par cet article. Ainsi adoptait-il une vue très restrictive de l'article 297, paragraphe 3[274]. Cependant, cette perspective limitative a été écartée par le Tribunal arbitral chargé du règlement du différend relatif à l'aire marine protégée de Chago.

255 En effet, dans cette affaire, le Royaume-Uni considérait que l'établissement de la zone marine protégée constituait l'exercice de ses droits souverains et de juridiction au regard des ressources biologiques de sa zone économique exclusive. Il en résultait l'incompétence de la juridiction arbitrale sur le fondement de l'article 297, paragraphe 3 (a) de la Convention. Mais, le Tribunal arbitral a retenu une approche beaucoup plus ouverte de l'article 297 de la Convention. A cet égard, le Tribunal arbitral allait souligner que « Where a dispute concerns the interpretation or application of the Convention, and provided that none of the express exceptions to jurisdiction set out in Article 297 (2) and 297 (3) are applicable, jurisdiction for the compulsory settlement of disputes flows from Article 288 (1). It is not necessary that the Parties 'dispute also fall within one of the cases specified in Article 297(1)''[275]. Autrement dit, l'article 297, paragraphe 3 de la Convention ne pose nullement le

[274] Affaire du Thon à nageoire bleue, Australie c. Japon et Nouvelle-Zélande c. Japon, Sentence arbitrale du 4 août 2000, para. 61.

[275] Affaire de l'aire marine protégée de Chago, Maurice c. Royaume-Uni, Sentence arbitrale du 18 mars 2015, para. 317. Voir également para. 297-305 de la Sentence arbitrale où le raisonnement du Tribunal arbitral s'applique exclusivement à l'article 297, paragraphe 3.

principe d'une exclusion de toutes les pêcheries des procédures de règlement obligatoire des différends aboutissant à des décisions obligatoires. Ainsi que devaient le relever les deux Arbitres dissidents, « ... it is doubtful whether a total ban on fisheries is covered by the exceptions clause under Article 297(3)(a) of the Convention. The second part of Article 297(3)(a) of the Convention focuses on utilizing living resources, including their proper management and conservation, rather than banning fisheries completely without a conservation objective"[276].

256 Il s'ensuit que les dispositions de l'article 297, paragraphe 3 de la Convention ne constituent pas des limitations générales aux différends qui y sont visés. Car, la première partie de l'article 297, paragraphe 3 ayant consacré le principe de la soumission des différends relatifs aux pêcheries aux procédures de règlement obligatoire aboutissant à des décisions obligatoires, ce n'est, par conséquent, qu'une infime partie de ces différends qui échappe à la section 2 de la Partie XV de la Convention. Il s'agit exclusivement des différends concernant les droits souverains et de juridiction ainsi que leur exercice sur les ressources biologiques de la zone économique exclusive. Dès lors, il demeure des actions entreprises par l'Etat côtier ou même la carence de l'Etat au regard des pêcheries dans sa zone économique exclusive qui sont susceptibles de donner lieu à une saisine unilatérale en vertu de l'article 286 de la Convention.

257 C'est ainsi que le Tribunal arbitral constitué dans le différend entre les Philippines et la Chine a pu retenir sa compétence en matière de pêcheries, nonobstant l'article 297, paragraphe 3 de la Convention. En effet, le Tribunal arbitral devait considérer que les articles 297 et 298 de la Convention ne pouvaient constituer des obstacles à sa compétence, dès lors que c'est la zone économique exclusive des Philippines qui était en cause et non pas celle de la Chine[277]. Ainsi allait-il statuer sur l'aspect du différend portant sur les pêcheries.

258 Ce même élargissement du champ d'application de l'article 297 concerne également son paragraphe 2 relatif à la recherche

---

[276] Opinion individuelle et dissidente des Arbitres R. Wolfrum et J. Kateka, dans l'affaire de l'aire marine protégée de Chago, Sentence arbitrale du 18 mars 2015, para. 60.

[277] Affaire du différend entre les Philippines et la Chine, Philippines c. Chine, fond, Sentence arbitrale du 12 juillet 2016, para. 695.

scientifique marine. Car les deux dispositions procèdent de la même finalité, à savoir donner à l'Etat côtier une assurance quant à ses droits souverains et de juridiction, tout en protégeant les droits des Etats tiers dans la zone économique exclusive de l'Etat côtier[278].

259 Il apparaît de la sorte que, en dépit de l'effort des juridictions internationales de réduire la portée des limitations de compétence posées à l'article 297 de la Convention, la mer de Chine va constituer un test important pour l'application de ces dispositions. A cet égard, la sentence arbitrale rendue dans le différend entre les Philippines et la Chine a pu révéler le caractère restrictif des limitations de compétence posées par l'article 297 de la Convention de 1982 sur le droit de la mer. Dans cette mesure, cette sentence arbitrale est venue se placer dans le sillage de la sentence rendue dans l'affaire de l'aire marine protégée de Chago. Or, l'effet de ces jurisprudences est d'introduire encore plus d'incertitude dans les engagements des Etats. Car des différends pourraient se développer quant à la détermination de la portée des dispositions de l'article 297 de la Convention. Quoiqu'il en soit, ce ne seront pas les différends les plus importants.

260 En effet, les limitations de compétences introduites par l'article 297, paragraphes 2 et 3 font que des catégories de différends portant sur la recherche scientifique marine et les pêcheries vont se trouver exclues de la faculté de saisine unilatérale. Il en résulte que, sauf exception[279], ce sont des litiges survenant à la marge qui feront l'objet d'une telle saisine. Au demeurant, le différend entre les Philippines et la Chine permet d'illustrer cette indication. En effet, si la détermination de la nature juridique des formations insulaires des Spratly a été un aspect manifestement important du différend, en

---

[278] Il convient de noter que dans l'affaire de l'aire marine protégée de Chago, ce ne sont pas les dispositions de l'article 297, paragraphe 2 de la Convention qui étaient en cause, mais l'article 297, paragraphe 1er (c). Il s'agissait, en effet, de la protection de la diversité biologique marine. Ainsi, contrairement au Royaume-Uni qui voulait limiter cette disposition à la lutte contre la pollution, le Tribunal arbitral allait-il décider de l'étendre aux mesures de protection et de préservation de l'environnement marin. Voir, affaire de l'aire marine protégée de Chago, Maurice c. Royaume-Uni, Sentence arbitrale du 18 mars 2015, para. 320-322.

[279] Voir par exemple l'affaire de l'aire marine protégée de Chago. C'est l'interprétation restrictive des dispositions de l'article 297, paragraphe 1er (c) et paragraphe 3(a) qui a conduit le Tribunal arbitral à retenir sa compétence. Voir Sentence arbitrale du 18 mars 2015, para. 323. Cf. en outre l'opinion individuelle et dissidente des Arbitres R. Wolfrum et J. Kateka.

revanche, la question des pêcheries n'a constitué qu'un aspect mineur du litige. Cette indication s'explique par le fait que la question de pêcheries se posait dans la zone économique exclusive des Philippines. Aussi le Tribunal arbitral pouvait-il facilement écarter l'exception de compétence soulevée sur le fondement de l'article 297, paragraphe 3 de la Convention de 1982 sur le droit de la mer. Dès lors, en prenant en considération les limitations de compétence introduites par les articles 297 et 298 de la Convention de 1982 sur le droit, il convient de souligner que c'est le consensualisme et non l'unilatéralisme qui permettra de parvenir au règlement des différends en mer de Chine.

SECTION SECONDE : LE CONSENSUALISME DANS LE REGLEMENT JURIDICTIONNEL DES DIFFERENDS EN MER DE CHINE

261 Les différends survenus en mer de Chine montrent le caractère inadéquat du système de la clause attributive de compétence dans le règlement des différends qui touchent à la consistance ou à l'assiette territoriale des Etats. Sans doute pourrait-il être soutenu qu'en devenant Partie à la Convention, les Etats ont par ce fait même consenti au système du règlement juridictionnel mis en place par la Convention ; de sorte qu'ils sont liés par les dispositions de l'article 286 relatives à la saisine unilatérale.

262 Mais un tel raisonnement oublie que la Convention a été négociée comme un « package deal ». De fait, l'histoire de la négociation des articles 297 et 298 prouve que beaucoup d'Etats n'ont accepté le mécanisme de règlement des différends institué par la nouvelle Convention qu'à la condition que des garanties soient établies quant à la mise en œuvre de ce mécanisme de règlement des différends. C'est exactement le sens de l'insertion dans la Convention des articles 294 et 300 relatifs aux procédures préliminaires et à l'abus de droit. Mais, c'est aussi ce que révèlent dans leurs teneurs actuelles – certes atténuées – les articles 297 et 298 : les Etats Parties ont, peut-être, accepté le mécanisme de règlement juridictionnel mis en place par la Convention, cependant, ils n'ont pas accepté la compétence des juridictions prévues à cet effet. Autrement dit, c'est sur le fondement de leur acceptation au cas par cas des différends soumis au règlement juridictionnel que ces Etats consentent à la compétence de ces juridictions, sans remettre en cause les institutions prévues ainsi que les modalités de leur mise en œuvre, à l'exception de la saisine unilatérale.

263 Avant la Chine, une telle attitude avait déjà été adoptée devant le Tribunal international du droit de la mer par la Fédération de Russie dans l'affaire de l'Arctic Sunrise[280]. En effet, se prévalant de sa déclaration faite en vertu de l'article 298, la Fédération de Russie soutenait que la mesure d'arraisonnement prise en l'encontre du navire relevait de la catégorie de mesures d'exécution forcée prises dans le cadre de l'exercice de ses droits souverains[281]. Or, les Pays-Bas considéraient que, dès lors qu'une installation artificielle était en cause, l'article 60 de la Convention ne permettait pas à un Etat Partie d'exercer des droits souverains à l'encontre d'un navire étranger[282]. Dans cette affaire, c'était déjà la compétence de la juridiction qui était en cause à la suite d'une saisine unilatérale[283].

263 C'est donc ce consensualisme qu'il y a lieu d'examiner dans ses manifestations (paragraphe premier) avant d'en souligner les limites (paragraphe second).

[280] TIDM, affaire de l'Artctic Sunrise, Pays-Bas c. Fédération de Russie, mesures provisoires, Ordonnance en date du 22 novembre 2013.

[281] Voir, TIDM, affaire de l'Arctic Sunrise, Pays-Bas c. Fédération de Russie, mesures provisoires, Ordonnance en date 22 novembre 2013, para. 41-42.

[282] Cf. TIDM, affaire de l'Arctic Sunrise, Pays-Bas c. Fédération de Russie, mesures provisoires, Ordonnance en date du 22 novembre 2013, para. 61-63.

[283] Il s'agit de la saisine du Tribunal arbitral constitué conformément à l'annexe VII de la Convention de 1982 sur le droit de la mer. En revanche, le TIDM avait compétence pour prononcer les mesures conservatoires sollicitées par les Pays-Bas. Il existait, en effet, entre les Pays-Bas et la Fédération de Russie un différend relatif à l'interprétation ou à l'application de la Convention pour lequel il apparaissait que le Tribunal arbitral avait *prima facie* compétence pour se prononcer.

PARAGRAPHE PREMIER : LA COOPERATION DANS LA SAISINE JURIDICTIONNELLE

264 Puisqu'il ne s'agit pas d'exposer un Etat Partie à la décision d'un autre Etat de saisir une instance judiciaire dans le différend qui les oppose, c'est par la coopération qu'un tel écueil est susceptible d'être évité. Précisément, l'article 283 de la Convention offre un tel cadre de coopération en posant le principe des négociations préalablement à la saisine juridictionnelle. Certes, les dispositions de l'article 283 de la Convention trouvent matière à s'appliquer également dans le cas de la saisine unilatérale. Au demeurant, dans le différend entre les Philippines et la Chine, le Tribunal arbitral saisi avait exactement veillé à s'assurer de la réalité de ces échanges. Cependant, dans la mesure où les Etats Parties en cause vont établir un dialogue entre eux, il est raisonnable de considérer que la question du mode de règlement de leur litige va se poser ou être soulevée par l'un d'eux. Ce qui sera de nature à éviter que l'une des Parties soit surprise par la saisine d'une instance juridictionnelle par l'autre Partie[284].

265 Sans doute ne s'agit-il pas en cela de consacrer une règle tendant à parvenir à l'accord de toutes les Parties avant la saisine d'une juridiction internationale. Une telle règle ne trouve aucune existence dans le droit international général[285]. Néanmoins, la bonne foi qui gouverne la conduite de ces négociations diplomatiques devrait permettre aux Etats Parties en cause de déterminer les modalités de

[284] Tel était l'un des griefs articulés par le Nigéria à l'encontre du Cameroun et qui avait justifié la deuxième exception de compétence soulevée par le Nigéria, CIJ, affaire de la frontière terrestre et maritime entre le Cameroun et le Nigéria, exceptions préliminaires, Cameroun c. Nigéria, Arrêt du 11 juin 1998, RACIJ, 1998, para. 56.

[285] C'est ce que le Tribunal arbitral statuant dans le différend entre les Philippines et la Chine allait rappeler à la suite de l'observation faite par la Cour internationale de justice dans le différend entre le Cameroun et le Nigéria. Voir affaire du différend entre les Philippines et la Chine, fond, Philippines c. Chine, Sentence arbitrale du 12 juillet 2016, para. 345. Le Tribunal arbitral précisait, en outre, que, « An obligation to engage in negotiation may, however, arise as a result of the particular legal regime applicable in customary law, or as a result of interaction of the respective rights claimed by the States in question. An obligation to negotiate or a requirement of negotiations prior to compulsory settlement may also arise on the basis of a treaty applicable between the Parties", *Ibid.* para. 345.

règlement de leur différend. De fait, l'objectif des négociations visées par l'article 283 de la Convention de 1982 sur le droit de la mer est justement de définir les moyens qui devraient conduire au règlement du différend en cause. C'est en ce sens que le Tribunal arbitral constitué dans le différend relatif à l'aire marine protégée de Chago pouvait souligner que « Once a dispute has arisen, Article 283, then requires that the Parties engage in some exchange of views regarding the means to settle the dispute »[286].

266 Il apparaît ainsi que, lorsqu'elles sont conduites en toute bonne foi par les Parties litigantes, les négociations diplomatiques vont constituer un procédé adéquat pour que les Etats Parties consentent à ce que le différend qui les oppose soit soumis au règlement pacifique des différends. Il ne s'agirait pour eux, de cette façon, que d'observer ou de remplir les obligations qui sont les leurs au regard de la Charte des Nations Unies[287]. Un tel accord peut également porter sur le choix précis d'un mode de règlement pacifique et sur les modalités de mise en œuvre du mode de règlement pacifique choisi. C'est cette pratique qui, très souvent, aboutit à la saisine d'un organe juridictionnel par voie de compromis. En tous les cas, une telle pratique permet à chacun des Etats concernés de manifester son consentement, non seulement au règlement du différend qui les oppose, mais encore, à l'institution qui aura la charge de résoudre ce différend. En définitive, la pratique dont il s'agit ne constitue que le troisième moyen à la disposition des Etats pour le règlement de leurs différends[288].

---

[286] Affaire de l'aire marine protégée de Chago, Maurice c. Royaume-Uni, Sentence arbitrale du 18 mars 2015, para. 383. Voir, également, dans le différend entre Barbade et Trinité-et-Tobago, le Tribunal arbitral qui atténuait cette observation en précisant que « the only relevant obligation upon the Parties under Section 1of Part XV is to seek to settle their dispute by recourse to negotiations ... », Sentence arbitrale du 11 avril 2006, para. 206.

[287] En effet, le paragraphe premier de l'article 33 de la Charte des Nations Unies fait obligation aux Etats Parties, à l'occasion d'un différend « dont la prolongation est susceptible de menacer le maintien de la paix et de la sécurité internationales ...[d]'en rechercher la solution, avant tout, par voie de négociation, d'enquête, de médiation, de conciliation, d'arbitrage, de règlement judiciaire, de recours aux organismes ou accords régionaux, ou par d'autres moyens pacifiques de leur choix ». Cette énumération permet, en outre, d'obtenir la liste des moyens pacifiques de règlement des différends.

[288] Les deux autres étant, soit, l'adhésion à un traité comportant une clause générale de règlement de différend. Tel est le cas de la Convention de 1982 sur le droit de

267 Toutefois, la difficulté dans la mise en œuvre de cette pratique en mer de Chine est qu'elle s'écarte de la construction mise en place par la Convention de 1982 sur le droit de la mer. En effet, dans la perspective de la Partie XV de la Convention, la négociation instituée par l'article 283 n'a d'autres finalités que de parvenir à un échange de vues à propos des modalités de règlement du différend[289]. Et si une Partie au différend considère que l'échange de vues a été mené à son terme, il lui appartient, dès lors, de recourir aux procédures de règlement obligatoire aboutissant à des décisions obligatoires de la Section 2 de la Partie XV, ce qui implique la saisine unilatérale, fondée sur l'article 286 de la Convention, de la juridiction compétente. C'est ainsi que le Tribunal international du droit de la mer devait indiquer qu'un Etat Partie « n'était pas obligé de poursuivre un échange de vues lorsqu'il était parvenu à la conclusion que toutes les possibilités d'obtenir un accord ont été épuisées »[290]. Ainsi perçu, l'article 283 de la Convention tente-t-il simplement de prévenir la surprise pour une Partie d'avoir à être traînée devant une juridiction internationale.

268 Néanmoins, il convient de noter que lorsque, de bonne foi, des négociations sont entreprises quant au choix des modalités du règlement du différend en cause, les Parties peuvent finalement parvenir à un accord portant sur le choix du *forum* adéquat pour statuer sur leur différend. C'est ce consentement *ad hoc* qui permet de s'écarter de la perspective de la saisine unilatérale. L'affaire du thon à nageoire bleue illustre parfaitement cette indication. La difficulté en mer de Chine pour une telle démarche se trouve dans le refus systématique de la Chine à accepter la résolution des différends dont elle est Partie, par le recours aux institutions juridictionnelles

---

la mer. Enfin, il y a la souscription de la clause optionnelle d'acceptation de la compétence de la Cour internationale de justice de l'article 36, paragraphe 2 du Statut de la Cour.

[289] C'est en ce sens que le Tribunal arbitral, dans l'affaire de l'aire marine protégée, déclarait que « Article 283 ... requires the Parties to exchange views regarding the means for resolving their dispute it does not require the Parties to in fact engage in negotiations or other forms of peaceful dispute resolution. As a matter of textual construction, the Tribunal considers that Article 283 cannot be understood as an obligation to negotiate the substance of the dispute", Maurice c. Royaume-Uni, Sentence arbitrale du 18 mars 2015, para.378.

[290] TIDM, affaire de la poldérisation à l'intérieur et autour du détroit de Johor, mesures conservatoires, Malaisie c. Singapour, Ordonnance en date du 8 octobre 2003, para. 47.

internationales. Ceci transparaît explicitement des négociations qu'elle a pu avoir avec les Philippines au sujet de leur différend dans les Spratly. La volonté de la Chine était de parvenir à un règlement de l'affaire par des négociations bilatérales, alors même que les Philippines souhaitaient une solution au moyen des procèdes de règlement juridictionnel[291]. S'il est raisonnable de considérer que les autres Etats riverains de la mer de Chine pourraient consentir au règlement juridictionnel de leurs différends concernant l'interprétation ou l'application de la Convention de 1982 sur la mer, il est peu probable que la Chine en fasse de même. Car, la Chine n'a jamais participé, jusqu'ici, à une procédure juridictionnelle internationale.

269 Or, une telle attitude est curieuse de la part de la Chine. En effet, depuis qu'elle est membre de l'ONU, la Chine a toujours bénéficié de la présence d'un de ses ressortissants en qualité de Juge au sein de la Cour internationale de justice. C'est ainsi qu'en 1951, le Juge Chinois Hsu Mo siégeait déjà en l'affaire des pêcheries[292]. Et, depuis qu'elle est devenue membre permanent du Conseil de sécurité, la Chine voit toujours un de ses ressortissants être élu au sein de la Cour[293]. De la même façon, un Juge Chinois est régulièrement élu parmi les membres du Tribunal international du droit de la mer[294]. Dans ces conditions, le refus de la Chine de se présenter devant ces juridictions internationales apparaît difficilement compréhensible, car son système juridique y est représenté. En effet, à travers l'élection de ses ressortissants, c'est son système juridique qui est ainsi distingué. Il y a de la sorte une réelle contradiction de la Chine à vouloir assurer la représentation de son système juridique dans les institutions

[291] Les principales étapes de ces négociations sont répertoriées par le Tribunal arbitral. Cf. affaire du différend entre les Philippines et la Chine, Philippines C. Chine, Sentence arbitrale du 12 juillet 2013, para. 334-350.

[292] CIJ, affaire des pêcheries, Royaume-Uni c. Norvège, Arrêt du 18 décembre 1951, RACIJ, 1951, p. 116.

[293] Il n'y a que pendant la période allant de 1967 à 1985 qu'il n'y a pas eu à la CIJ de Juge provenant de la Chine. Sans doute pourrait-il être soutenu qu'il ne s'agissait pas encore de la Chine populaire actuelle ; de sorte que le système juridique qui s'y trouvait représenté n'était pas celui de la Chine populaire. Cette objection concernerait également le Juge Vikuiyuin Wellington Koo qui a été, en outre, Vice-président de la Cour de 1964 à 1967.

[294] Depuis la création du TIDM, il y a toujours eu un juge chinois parmi les Membres du Tribunal : MM. Zhao Lihai (1996-2000), Xu Guangjian (2000-2009), Zhiguo Gao (2009-2020) et Duan Jielong (depuis 2020).

judiciaires internationales et la volonté farouche de se soustraire à la juridiction de ces organes juridictionnels internationaux.

270 Il est donc certain que la saisine unilatérale des juridictions de l'article 287 de la Convention de 1982 sur le droit de la mer ne paraît être la solution adéquate pour le règlement des différends en mer de Chine. C'est par le consentement *ad hoc*, que les Etats riverains de la mer de Chine pourront parvenir à la résolution des litiges survenus entre eux. L'avantage du consentement *ad hoc* est qu'il n'est donné que pour un différend déterminé. Il en résulte que l'auteur du consentement va participer à la procédure ; évitant de la sorte le phénomène de non-comparution lequel est générateur d'un grave déséquilibre devant les juridictions internationales. Cependant, la résistance de la Chine à accepter le règlement juridictionnel international comme mode de règlement des différends internationaux rend illusoire la perspective de résolution des litiges qui se posent en mer de Chine. Or, c'est la Chine qui est au centre de tous les différends en mer de Chine. Il s'ensuit que, faute de revirement de l'attitude chinoise, les Etats riverains de la mer de Chine peuvent continuer à mettre en œuvre les mécanismes de règlement des différends prévus par la Convention de 1982 sur le droit de la mer, et alors, ils se heurteront à la non-comparution de la Chine. Ce qui aura pour effet que le différend persistera, nonobstant la décision juridictionnelle intervenue. Ces Etats riverains pourraient également s'engager dans des négociations sur le fond du différend avec la Chine. Dans ce cas, ce sont les dispositions de la section 1 de la Partie XV qui vont être mises en œuvre au détriment des procédures de règlement obligatoires aboutissant à des décisions obligatoires. Telle paraît être exactement la limite du consensualisme dans le cas de la mer de Chine.

PARAGAPHE SECOND : LES LIMITES DU CONSENSUALISME

271 En effet, le recours aux dispositions de la Section 1 de la Partie XV de la Convention va se traduire par des négociations qui s'étireront en longueur, sans jamais connaître de dénouement. Car, dans la Section 1, les dispositions qui seront ainsi applicables ce sont les articles 279 et 280 de la Convention[295]. De fait, sur le fondement de ces dispositions, les Etats riverains de la mer de Chine ne seront engagés que par les moyens qu'ils auront choisis pour le règlement de leur différend. Or, compte tenu de l'attitude de la Chine, ces moyens ne seront que ceux qui ne constituent pas des recours juridictionnels. Ainsi le consensualisme reviendra-t-il à insérer ces Etats dans des procédures de règlement qui pourront se révéler longues et pénibles, sans qu'ils puissent espérer recourir à la saisine unilatérale de l'article 286 de la Convention. Car, l'article 281 de la Convention précise, à cet égard, que lorsque les Etats Parties ont opté pour des moyens de règlement des différends de leur propre choix, les procédures de règlement des différends prévues par la Convention « ne s'appliquent que si l'on n'est pas parvenu à un règlement par ce moyen et si l'accord entre les Parties n'exclut pas la possibilité d'engager une autre procédure »[296]. En somme, par l'application de l'article 280 de la Convention, les Etats Parties pourraient se trouver enfermés dans la procédure de leur choix qu'ils ont adoptée. Autrement dit, le consensualisme les maintiendrait dans les cadres de règlement qu'ils auront librement adoptés.

---

[295] L'article 279 précise que : Obligation de régler les différends par des moyens pacifiques. Les Etats Parties règlent tout différend surgissant entre eux à propos de l'interprétation ou l'application de la Convention par des moyens pacifiques conformément à l'article 2, paragraphe 3, de la Charte des Nations Unies et, à cette fin, doivent en rechercher la solution par les moyens indiqués à l'article 33, paragraphe 1 de la Charte ».
L'article 280 indique que : Règlement des différends par tout moyen pacifique choisi par les parties : Aucune disposition de la présente partie n'affecte le droit des Etats Parties de convenir à tout moment de régler par tout moyen pacifique de leur choix un différend surgissant entre eux à propos de l'interprétation ou l'application de la Convention ».

[296] L'article 281 de la Convention est ainsi rédigé : « 1. Lorsque les Etats Parties qui sont parties à un différend relatif à l'interprétation ou à l'application de la Convention sont convenus de rechercher à le régler par un moyen pacifique de leur choix, les procédures prévues par la présente partie ne s'appliquent que si l'on n'est pas parvenu à un règlement par ce moyen et si l'accord entre les parties n'exclut pas la possibilité d'engager une autre procédure. 2. Si les Parties sont également convenues d'un délai, le paragraphe 1 ne s'applique qu'à compter de l'expiration de ce délai ». Voir également l'interprétation donnée à cette disposition par le Tribunal arbitral constitué dans l'affaire du thon à nageoire bleue, Australie c. Japon et Nouvelle-Zélande c. Japon, Sentence arbitrale du 4 août 2000, RIAA, vol. XXIII, Pp. 1-57.

272 Sans doute, l'article 280 préconise-t-il qu'à tout moment les Etats Parties peuvent choisir le mode pacifique de règlement de leur différend. Mais ceci ne constitue pas un appel à un changement de procédure, lorsque ces Etats Parties sont déjà engagés dans une autre procédure de règlement de leur propre choix. Il s'agit simplement de la faculté reconnue aux Etats Parties d'adopter des procédures de leur choix en lieu et place de celles organisées par la Convention, pour le règlement de leurs différends. Précisément, ce serait ce à quoi ils aboutiraient en vertu de leur accord : se mettre à l'abri des procédures obligatoires aboutissant à des décisions obligatoires prévues par la Section 2 de la Partie XV de la Convention.

273 Or, un tel choix se traduira par une insécurité manifeste quant au règlement du différend en cause. D'une part, en raison des lenteurs et longueurs que pourraient comporter le procédé choisi. Et, d'autre part, il n'est toujours pas certain que les parties aboutissent à une solution dans leur différend. Or, il sera difficile de sortir de cette procédure, si l'accord de toutes les parties était requis pour saisir une autre instance juridictionnelle de règlement. Dans ces conditions, le consensualisme, loin de constituer un avantage, ne représentera que des inconvénients pour les autres Etats riverains de la mer de Chine. Telle apparaît l'autre difficulté pour le règlement des différends en mer de Chine qui vient s'ajouter à celle existant relative à la détermination de la souveraineté territoriale des formations insulaires en litige.

ANNEXES : CARTES ET ILLUSTRATIONS

Quelques cartes et formations insulaires des Spratly (extrait de la sentence arbitrale du 12 juillet 2016). *Elles sont reproduites avec l'autorisation de la Cour Permanente d'arbitrage. Tous droits réservés.*

1-Nine-Dashed Line (Ligne en neuf segments) chinoise

2-Lignes de base droits de la Chine

3-Fiery Cross Reef

4-Subi Reef

5-Cuarteron Reef

6-Fiery Cross Reef avant les travaux

7-Fiery Cross Reef après les travaux

8-Gaven Reef North avant les travaux

9-Gaven Reef North après les travaux

10-Johnson Reef après les travaux

11-Hughes Reef avant les travaux

12-Hughes Reef après les travaux

13-Mischief Reef après les travaux.

14-Plateau continental étendu de l'Indonésie dans la région de Sumatra

Cartes des régions des plateaux continentaux étendus dont la délinéation était demandée par le Japon. *Cartes tirées des recommandations de la Commission des limites du plateau continental CLPC.*

15-Plateau continental étendu de la région de Minami lo To Island

16-Plateau continental étendu de la région du bassin de Shikoku

17-Plateau continental étendu de la région de Oki Daito Shima (lignes de contrainte de 350 milles marins)

18-Plateau continental étendu des Philippines dans la région de Benham Rise

Fig. 1 : Nine-Dashed Line (Ligne en neuf segments) chinoise

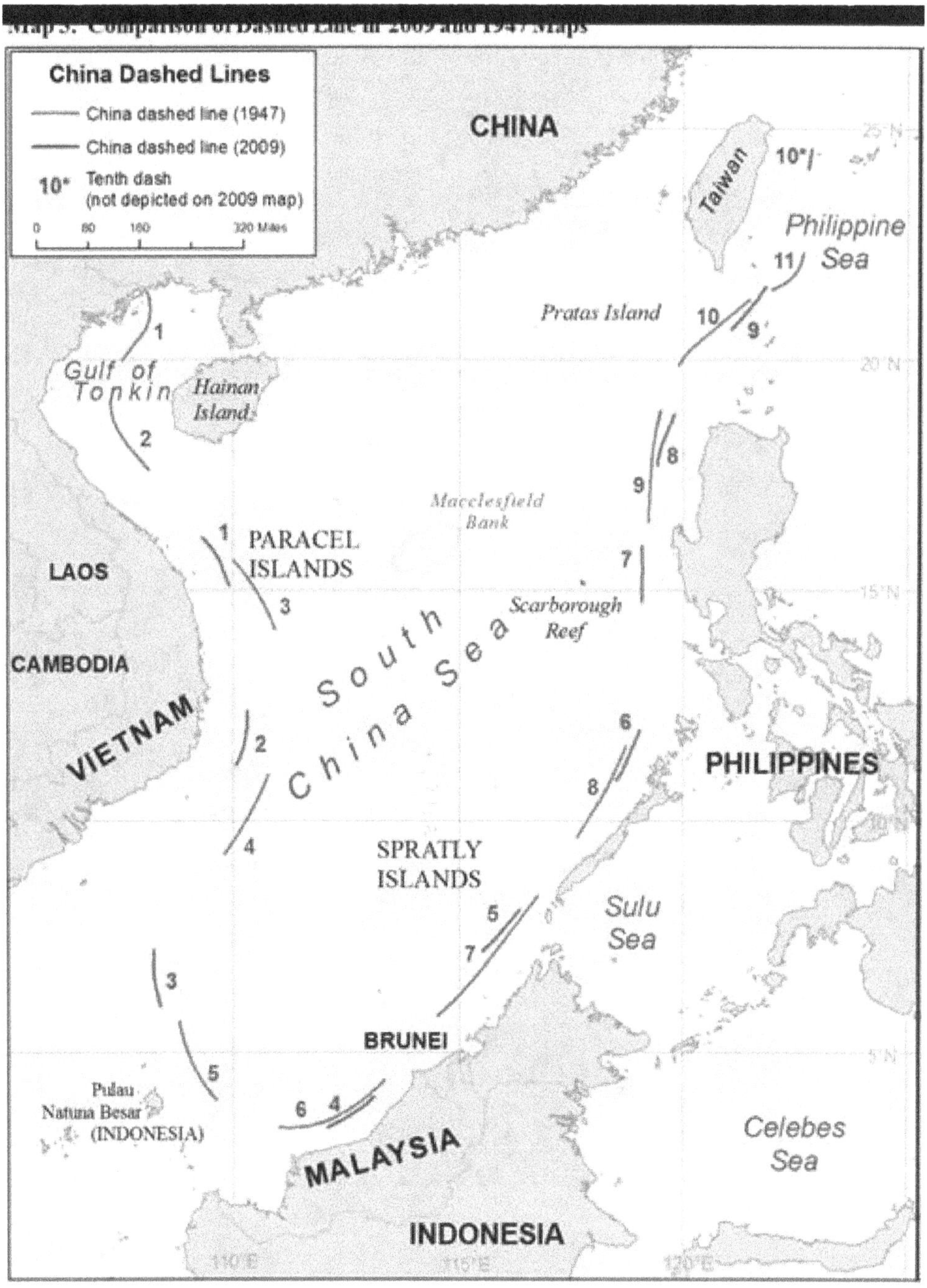

Fig. 2 : Lignes de base droits de la Chine

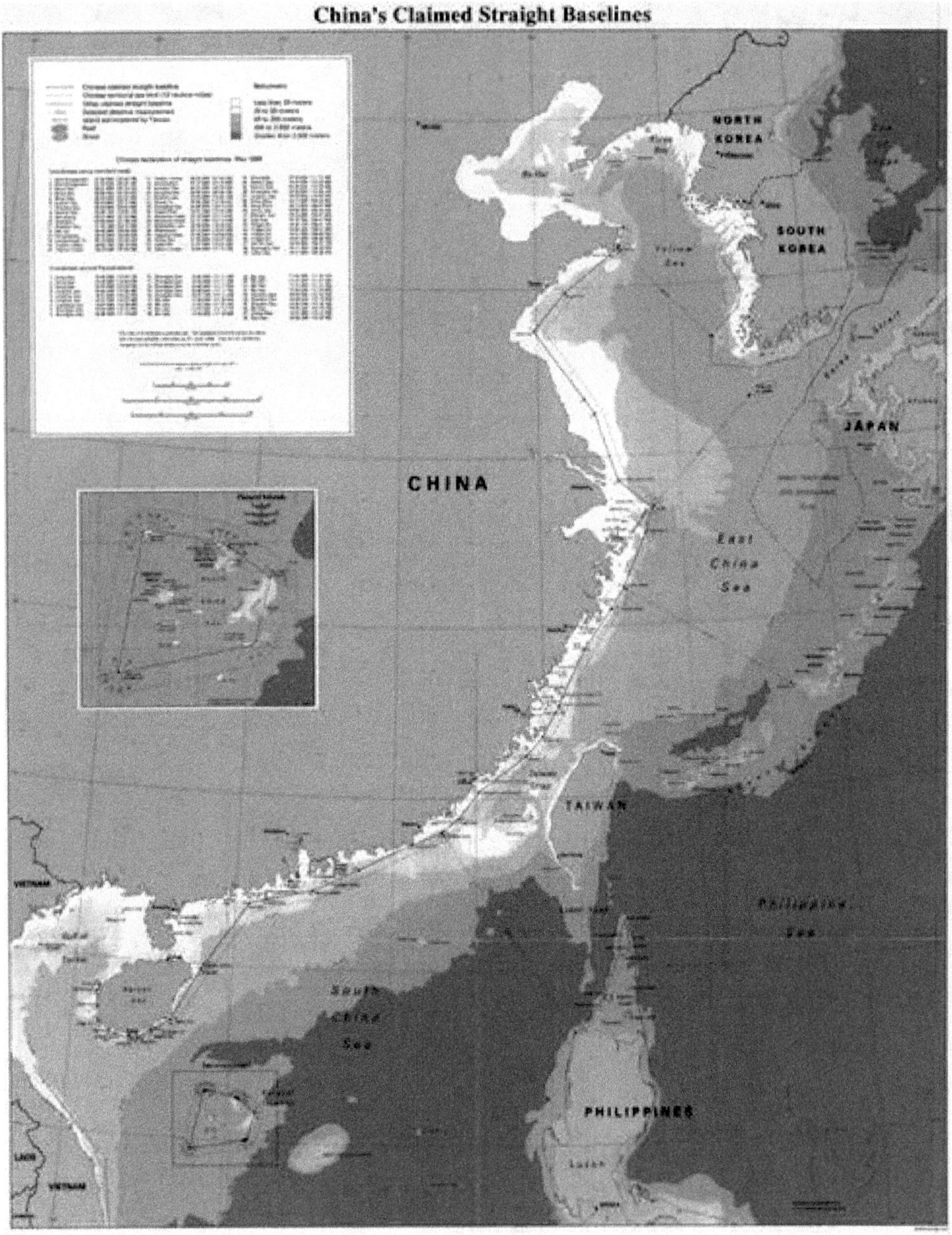

Fig. 3 : Fiery Cross Reef

Fig. 4 : Subi Reef

Fig. 5 : Cuarteron Reef et ses installations

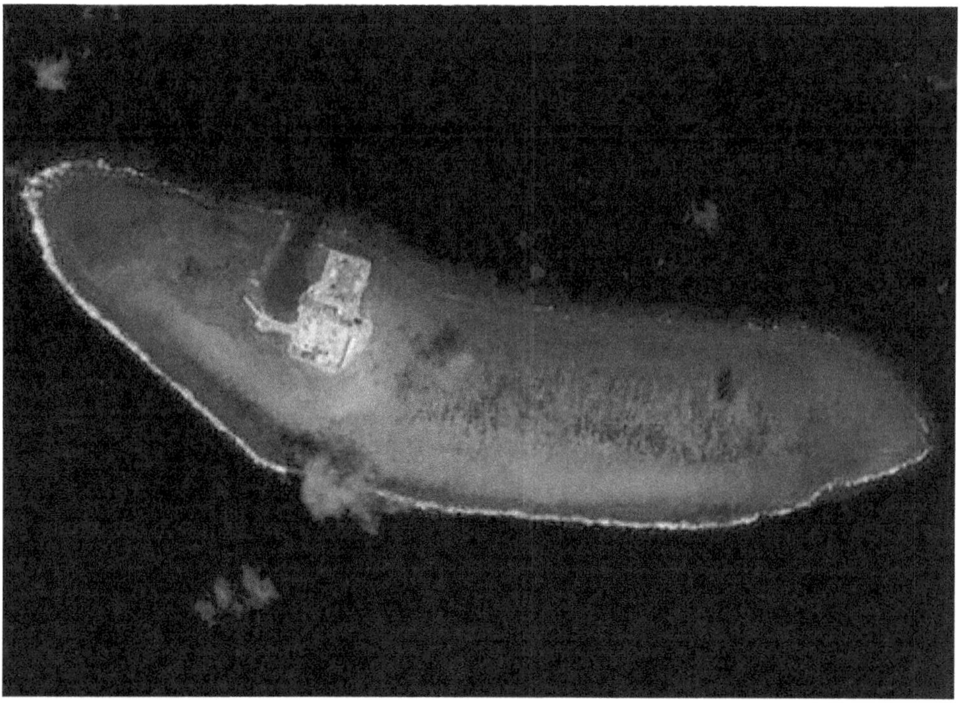

Fig. 6 : Fiery Cross Reef après les travaux

Fig. 7 : Gaven Reef North avant les travaux

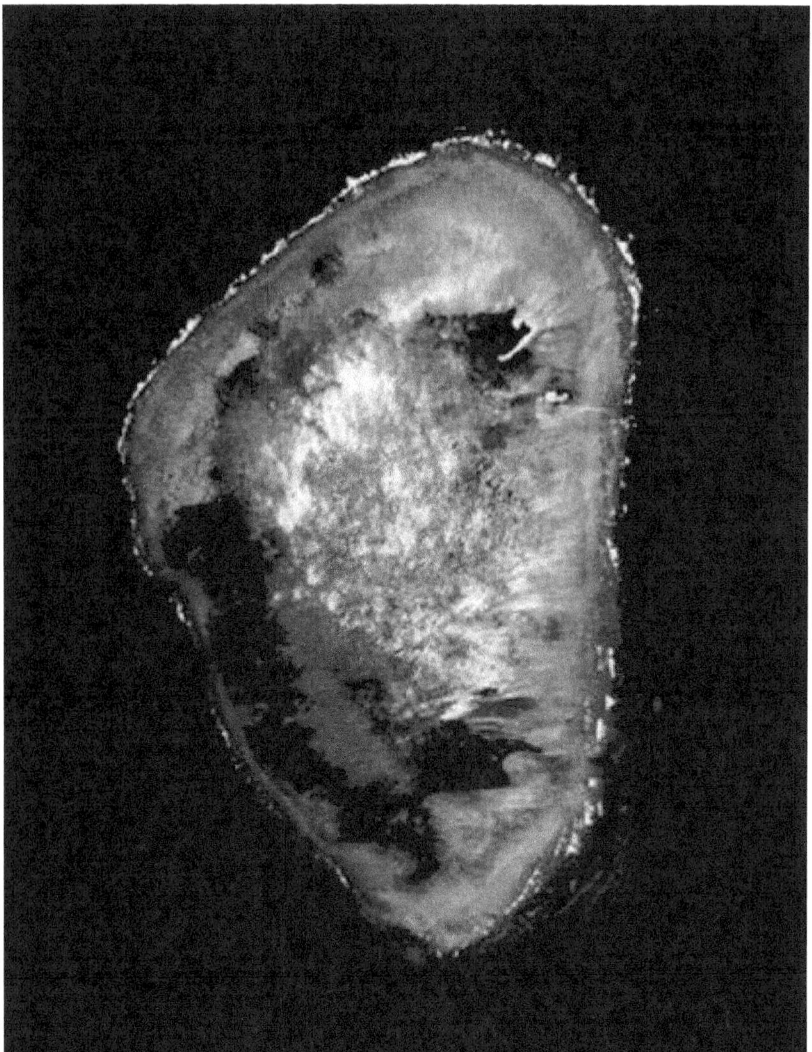

Fig. 8 : Gaven Reef North après les travaux

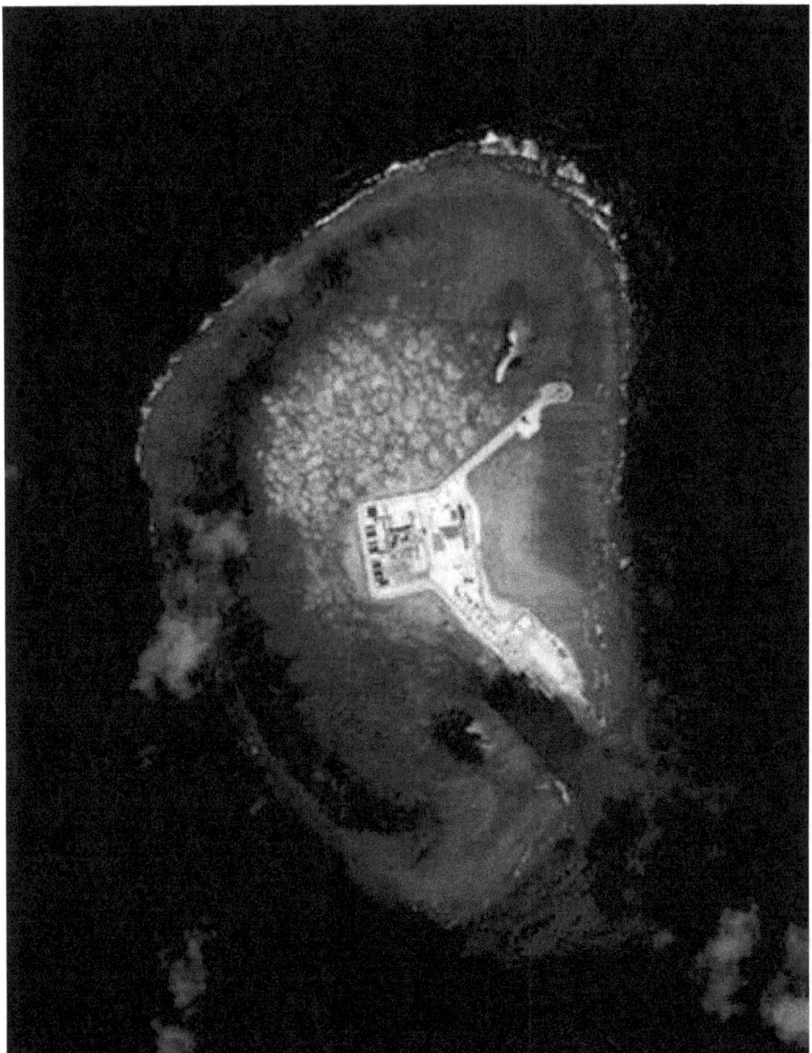

Fig. 9 : Johnson Reef après les travaux

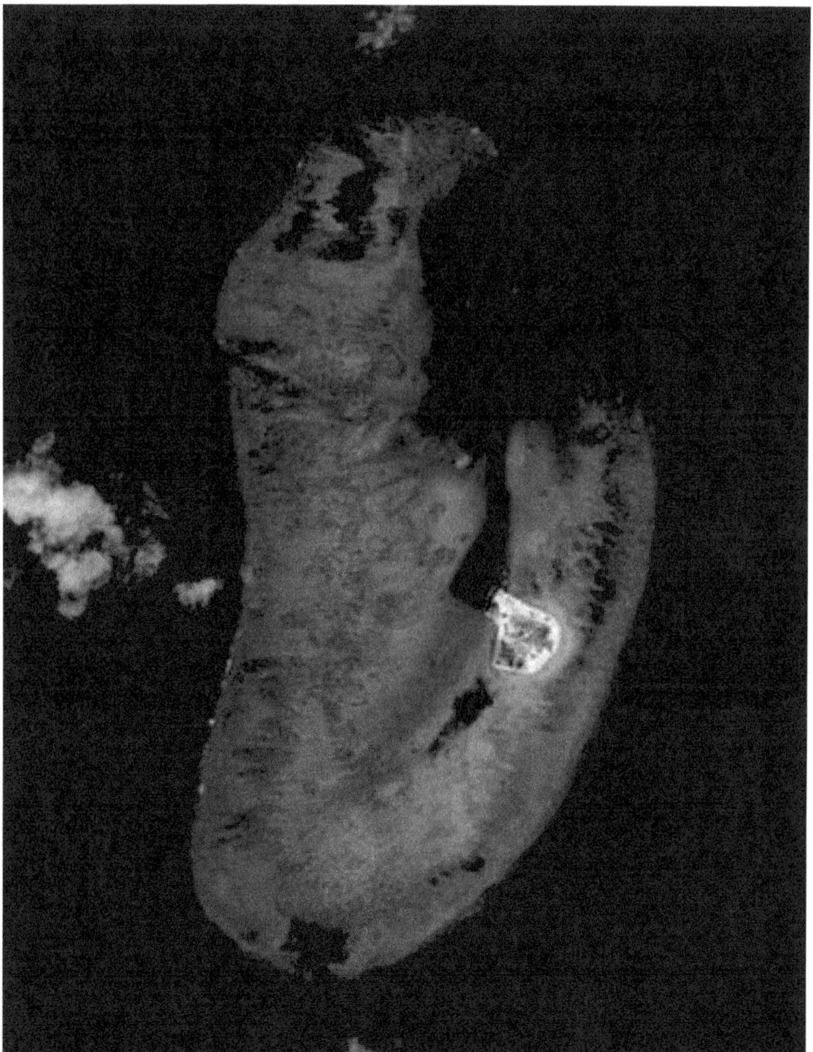

Fig. 10 : Hughes Reef avant les travaux

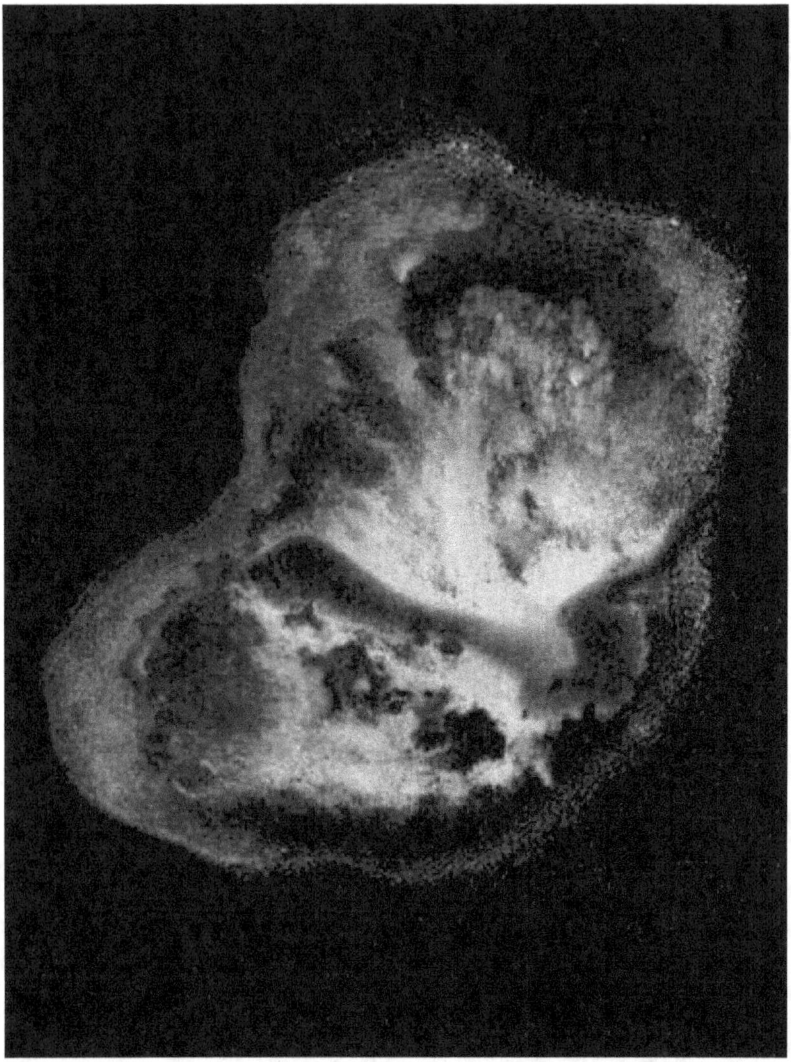

Fig. 11 : Hughes Reef après les travaux

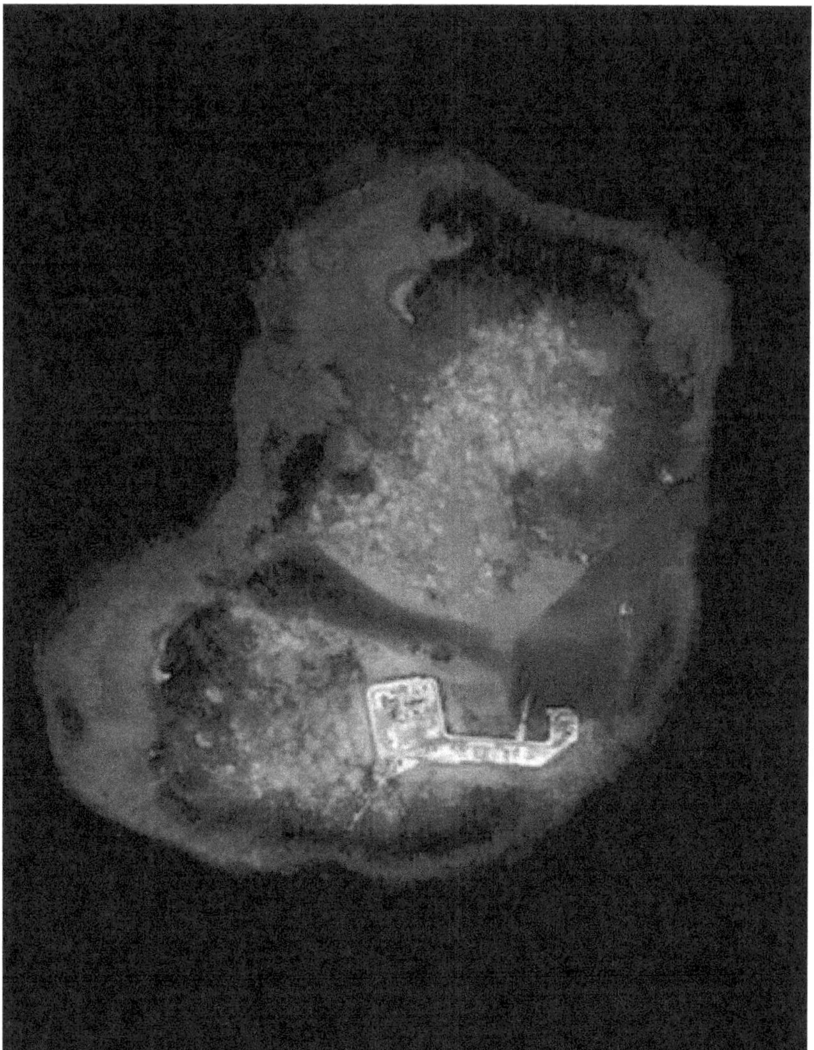

Fig. 12 : Mischief Reef après les travaux

Fig. 13 : Plateau continental étendu de l'Indonésie dans la zone de sumatra

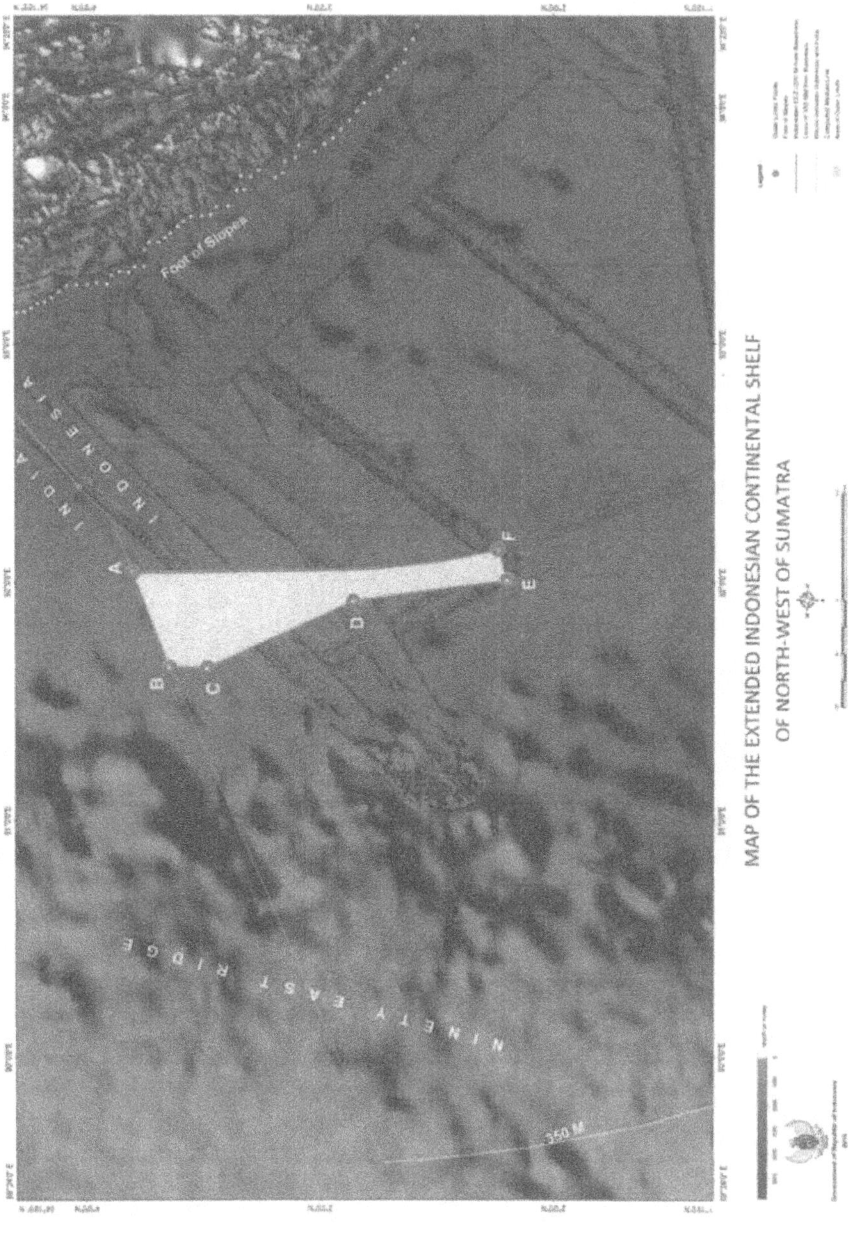

Fig. 14 : Plateau continental étendu dans la demande du Japon

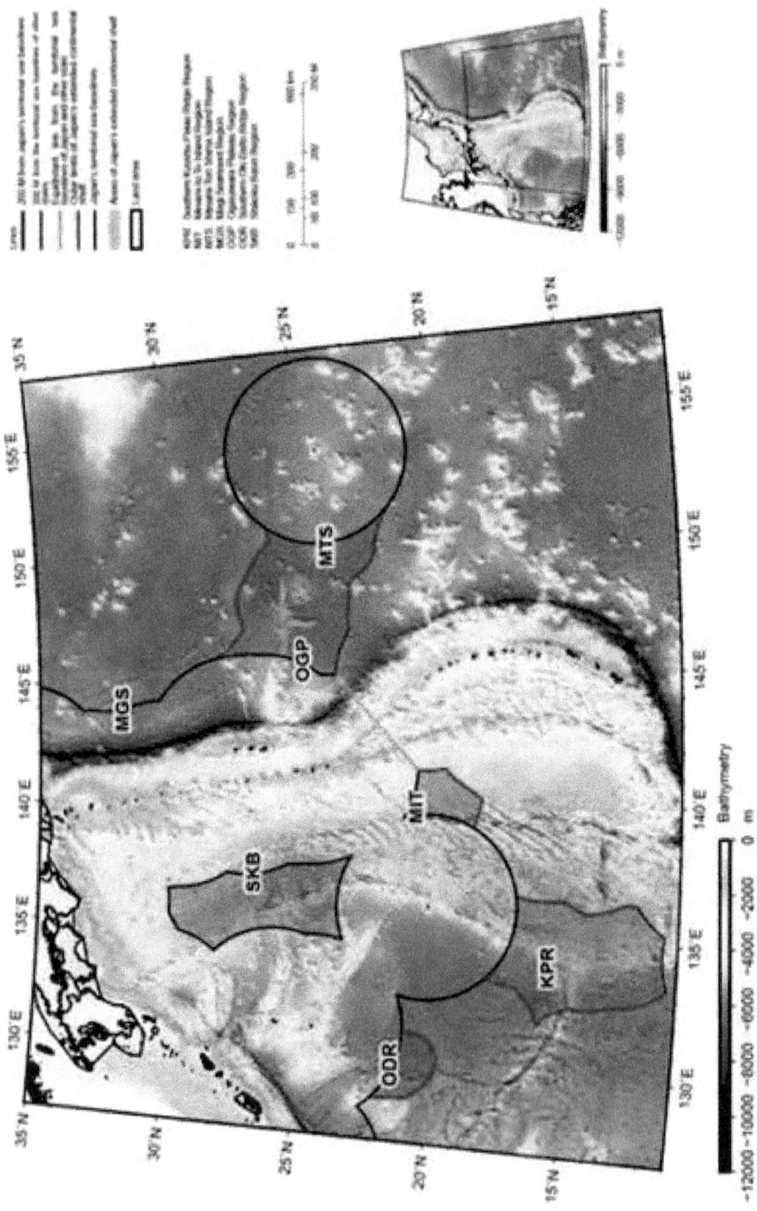

Fig. 15 : Plateau continental étendu dans la région de Minami Io To (Japon)

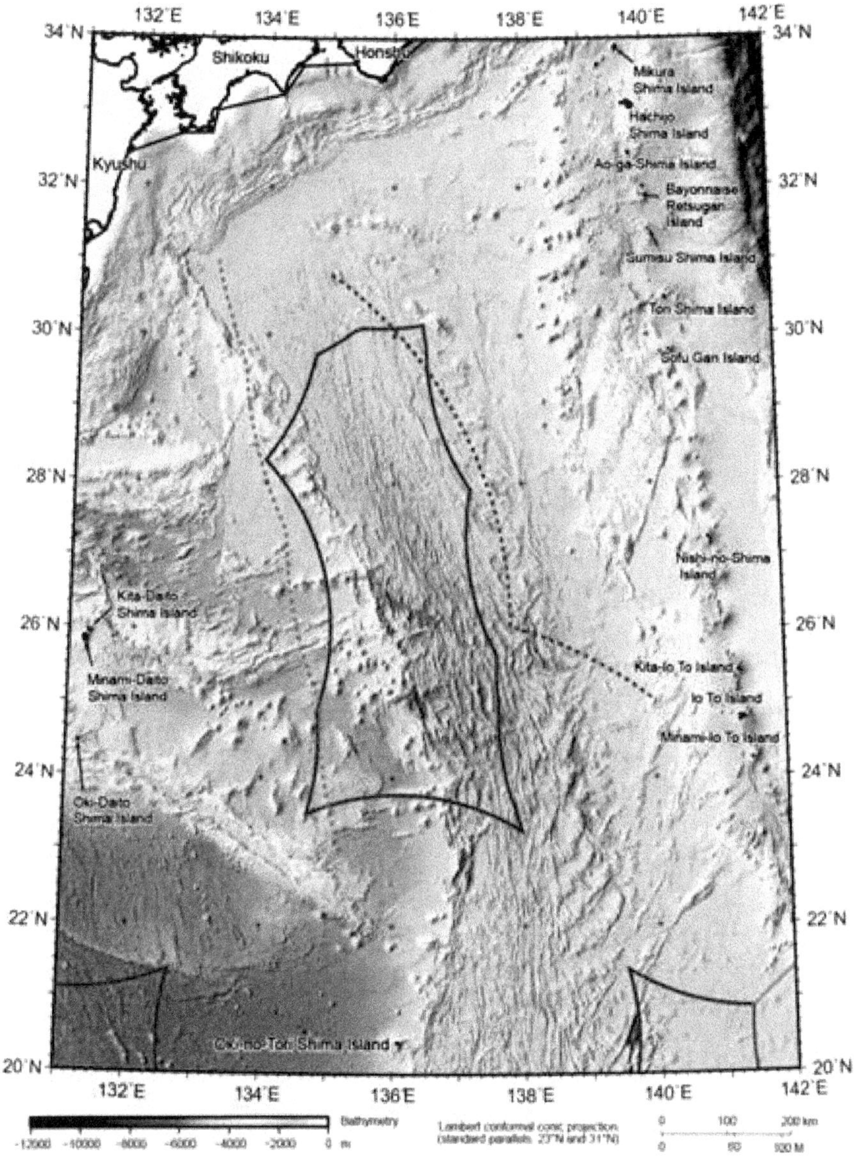

Fig. 16 : Plateau continental étendu dans le bassin de Shikoku (Japon)

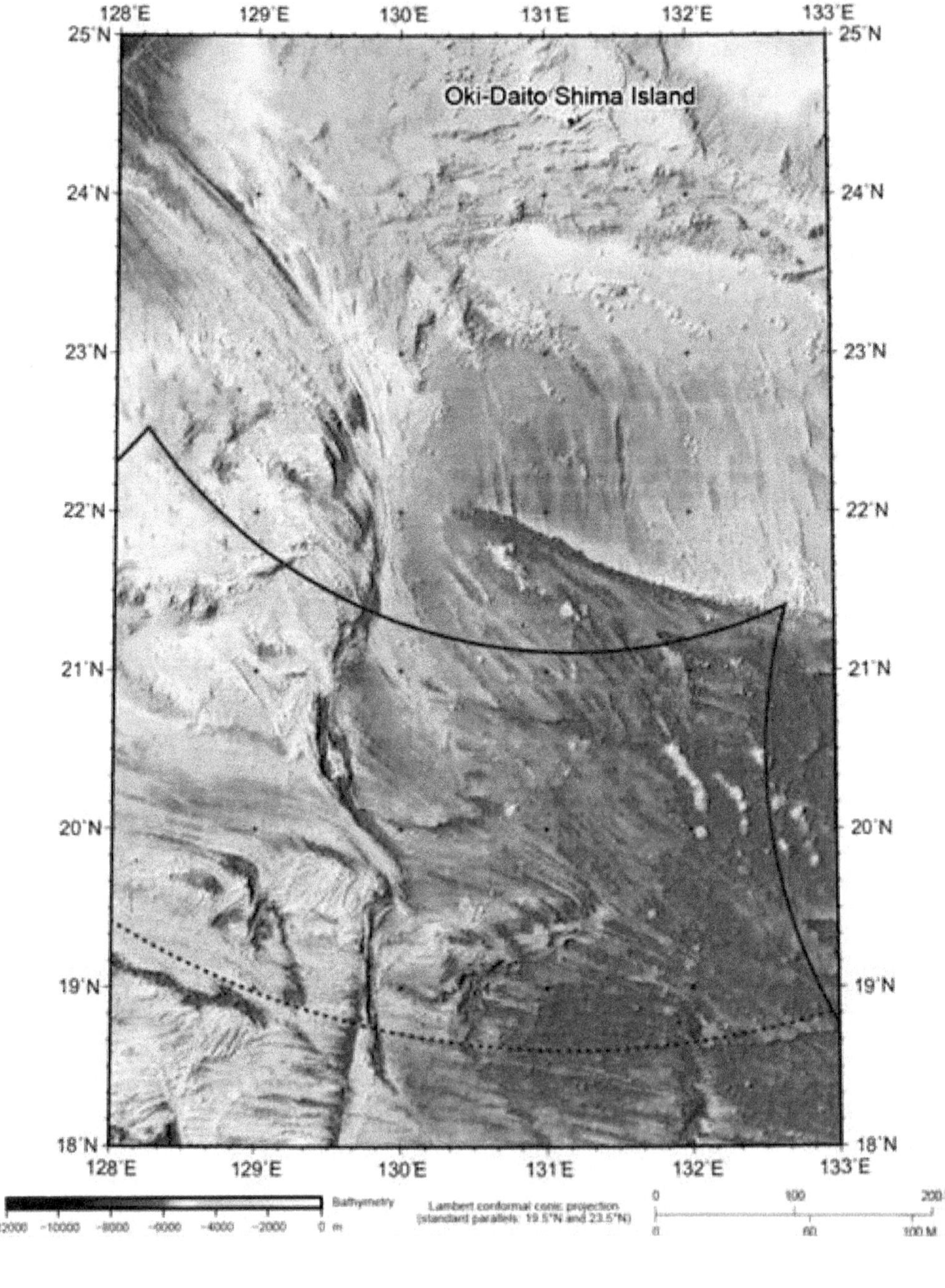

Fig. 17 : Plateau continental étendu dans la région de OKI DAITO SHIMA (Japon)

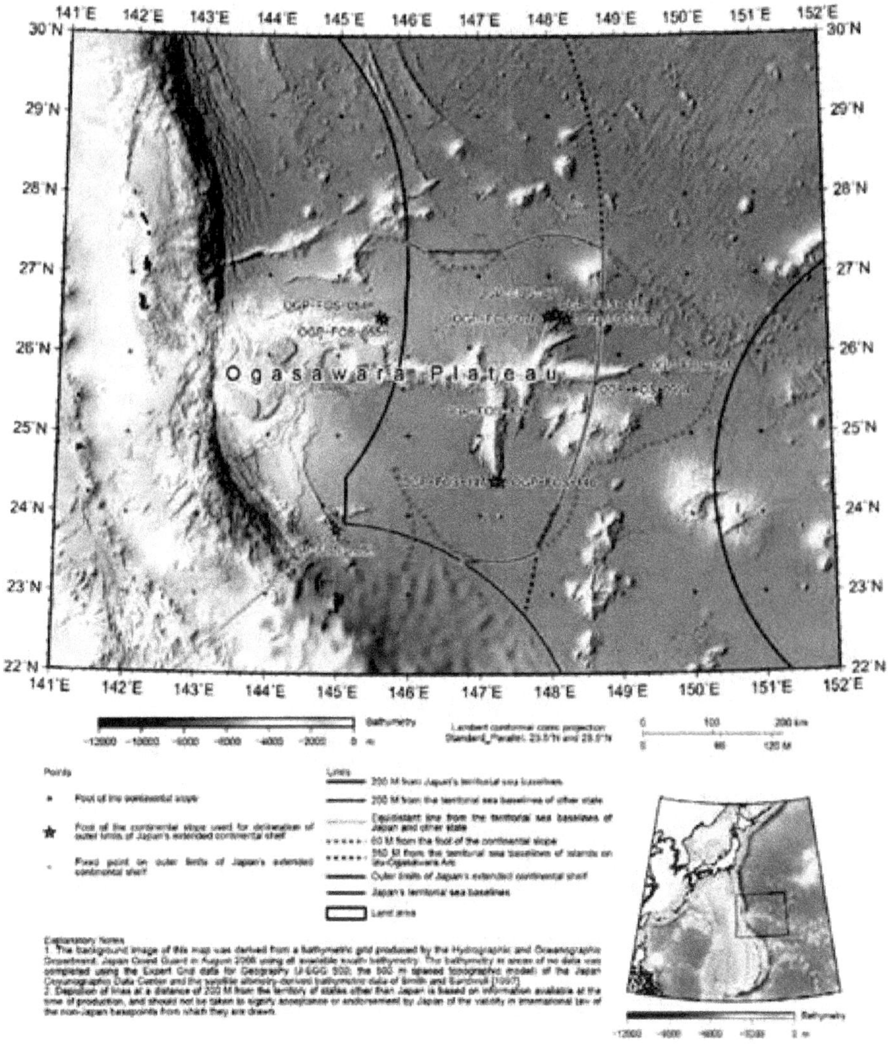

Fig. 18 : Plateau continental étendu dans la région de Benham Rise (Philippines)

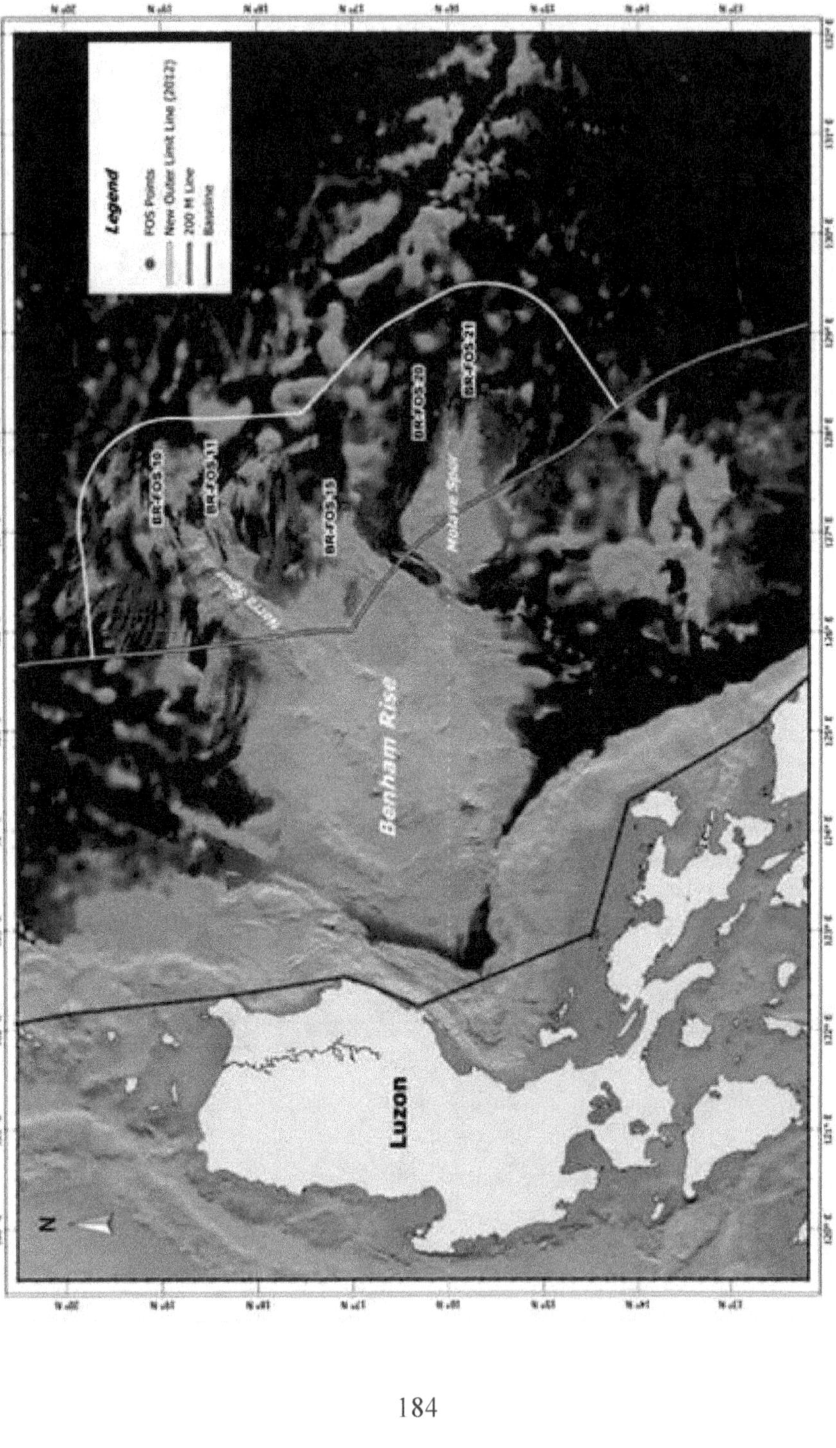

BIBLIOGRAPHIE

AJIL Unbound : Symposium on the South China Sea Arbitration, December 13, 2006

Amer Rames and Hong Thao Nguyen, Conflict Resolution in the South China Sea : An Overview of Progress Made and Remaining Challenges, in Thuy Tran Truong and Trang Le Thuy (eds), Power, Law and Maritime Order in the South China Sea, Lexington Books, 2015, Pp. 267-292

Anderson, David, Islands and Rocks in the Modern Law of the Sea, in Nordquist Myron, Moore john Norton, Soons, Alfred H. A. and Kim, Hak-So (eds), The Law of the Sea Convention: US Accession and Globalization, M. Nijhoff Publishers, 2012, Pp. 307-321.

Anderson, David and van Logchen Youri, Rights and Obligations in Areas of Overlapping Maritime Claims, in Jayakumar S. Koh Tommy and Beckman Robert (eds), The South China Sea Disputes and Law of the Sea, Edward Elgar Publishing, 2014, Pp. 192-228.

Andreef D., Legal Implications of China's Land Reclamation Project in the Spratley Islands, NYUJILP, 2015, Pp. 855-910

Ashley Roach, J. and R. W. Smith, Excessive Maritime Claims, Leiden, M. Nijhoff Publishers, 2012, 926 p.

Bateman S., Maritime Boundary Delimitation, Excessive Claims and effective Regime Building in the South China, in Song Yann-Huei and Keyuan Zou (eds), Major Law and Policy Issues in the South China Sea, European and American Perspectives, 2014, Pp. 119-136.

Batongbacal J. L., Extended Continental Shelves in the South China Sea: Delimitation Prospects and Challengies, in Thuy Truong Tran and Trang Le Thuy (eds), Power, Law and Maritime Order in the South China Sea, Lexington Books, 2015, Pp. 167-195.

Beckman, Robert, UNCLOS Part XV and the South China Sea, in Jayakumar S., Koh Tommy, Beckman Robert (eds), The south China Sea and Law of the Sea, Edward Elgar Publishing, 2014, Pp. 229-264.

Beckman, Robert, Townsend-Gault I, Schofield Clive, Davenport T. and Bernard L. (eds), Beyond Territorial Disputes in the South China Sea: Legal Framework for the Joint Development of Hydrocarbon Resources, Edward Elgar Publishing, 2013,

Beckman, Robert, International Law, UNCLOS and the South China Sea, in Beckman, Robert, Townsend-Gault I, Schofield Clive, Davenport T. and Bernard L. (eds), Beyond Territorial Disputes in the South China Sea: Legal Framework for the Joint Development of Hydrocarbon Resources, Edward Elgar Publishing, 2013, Pp. 47-90.

Beckman, Robert, The UN Convention on the Law of the Sea and the Maritime Disputes in the South China Sea, AJIL, 2013, Pp. 142-163

Beckman Robert, The Philippines v. China' Case and the South China Sea Disputes, in Huang Jing and Billo Andrew (eds), Territorial Disputes in the South China Sea: Navigating Rough Waters, 2015, Pp. 54-65.

Bennett Michael, China and the Use of International Law in the Spratley Islands Dispute, SJIL, 1991, Pp. 425-450

Burgos Caceres S.(ed), China's Strategic Interests in the South China Sea: Power and Resources, London, Routledge, 2014, 167 p.

Buszynski L. and Roberts C. B. (eds), The South China Sea Maritime Dispute: Political, Legal and Regional Perspectives, London, Routledge, 2015, 221 p.

Caron David, When Law Makes Climate Change Worse: Rethinking the Law of Baselines in Light of a Rising Sea Level, ELQ, 1990, Pp. 638-653

Charlermpalanupap T., Review of the ASEAN-China Declaration of the Conduct of the Parties in the South China Sea and Prospects of a Code of Conduct in the South China Sea: An Asian Perspectives,in Thuy Truong Tran and Trang Le Thuy (eds), Power, Law and Maritime Order in the South China Sea, Lexington Books, 2015, Pp. 37-48.

Charney I. Jonathan, Note and Comment: Rocks that Cannot Sustain Human Habitation, AJIL, 1999, Pp. 863-878

Charney I. Jonathan, Progress in International Maritime Boundary Delimitation, AJIL, 1994, Pp. 452-464

Chen Zhiming and Caouette Dominique, China's South China Sea Policy and Its Implications for Canada: Claims, strategies and Consequences, CFPJ, 2012, Pp.301-318

Chinese Society of International Law, The South China Sea Arbitration Awards: A Critical Study, ChJIL, 2018, Pp. 207-748

Coito, J. C. Boundary Conflict: The China-Philippines Confrontation over the Scarborough Reef and the Viability of UNCLOS Dispute Resolution Procedures, in Scheiber H. N., Kraska J. and Kwon M.-S., Science, Technologies and New Challenges to Ocean Law, 2015, Pp. 395-431.

Cordner, Lee G., The Spratley Islands Dispute and the Law of the Sea, ODIL, 1994, Pp. 61-74

Dipla Haritini, Le régime juridique des îles dans le droit international de la mer, Paris, PUF, 1984, 244 p.

Do Thanh Hai, Viet Nam Evolving Claims, in Buszynski L. and Roberts C. B., The South China Sea Maritime Dispute: Political, Legal and Regional Perspectives, 2015, Pp. 111-129.

Dyke van, John M. and Brooks Robert A., Uninhabited Islands: Their Impact on the Ownership of Oceans'Resources, ODIL, 1983, Pp. 265-300

Dike van Jon M. and Bennett Dale, Islands and Delimitation of Ocean Space in the South China Sea, Ocean YearBook, 1999, Pp. 54-89

Dubner, Barry H., The Spratly Rocks Dispute – A Rockapelago Defies Norms of International Law, TICLJ, 1995, Pp. 291-333

Dupuy, Pierre-Marie et Dupuy Florian, A Legal Analysis of China's Historic Rights Claim in the South China Sea, AJIL, 2013, Pp. 124-141

Dutton Peter A., An Analysis of China Claim to Historic Rights in the South China Sea, in Song Yann-Huei and Keyuan Zou (eds), Major Law and Policy Issues in the South China Sea: European and American Perspectives, London, Asghate 2013, Pp. 57-73.

EISEMANN, P.-M., Qu'est-ce qu'un rocher au sens de la Convention de Montego-Bay de 1982? RGDIP, 2020, Pp.7-39

Franckx Erick, The International Seabed Authority and the Common Heritage of Mankind, IJMCL, 2010, Pp. 543-567

Franckx Erick and Benetar Marco, Dots and Lines in the South China Sea: Insights from the Map Evidence, AsJIL, 2012, Pp. 89-118

Fu, K., Freedom of Navigation and Chinese Straits Baselines in the South China Sea, in Nordquist, Myron H. (eds), Freedom of Navigation and Globalization, Leiden, M. Nijhoff, 2015, Pp. 190-195.

Fu, Kuen-Chen, Delimiting the Chinese Continental Shelves, in Nordquist, Myron H., Moore John N. and Heidar Tomas H. (eds), Legal and Scientific Aspects of Continental Shelf Limits, Leiden, M. Nijhoff Publishers, 2004, Pp. 387-399

Gao, Zhiguo and Jia, Bing Bing, The Nine-Dash Line in the South China Sea: History, Status and Implications, AJIL, 2013, Pp. 98-124

Gjetnes, Marius, The Spratlys : Are they Rocks or Islands, ODIL, 2002, Pp. 191-204

Goldie Louis F. E., Historic Bays in International Law – An Impressionistic Overview, SyrJILCom, 1984, Pp. 211-

Hong Nong, States Practice of UNCLOS in the South China Sea, in Shicun Wu, Mark Valencia and Hong Nong (eds), UNConvention of the Law of the Sea and the South China Sea (eds), Asghate, 2015, Pp. 267-299.

Hong Nong, UNCLOS and Ocean Dispute Settlement: Law and Politics in the South China Sea, London, Routledge, 2012, 258 p.

Hong Nong, China's Evolving Approach to the South China Sea Issues, in Thuy Truong Tran and Trang Le Thuy, (eds), Power, Law of

Maritime Order in the South China Sea, Lexington Books, 2015, Pp. 49-60

Hong Thao Nguyen, The 2002 Declaration on the Conduct of Parties in the South China Sea: A Note, ODIL, 2003 Pp.

Hong Thao Nguyen, Maritime Delimitation and Fishery Cooperation in the Gulf of Tonkin, ODIL, 2005, Pp. 25-44

Hong Thao Nguyen, Viet Nam's Position on the Sovereignty over the Paracel and Spratley : Its Maritime Claims, JEAIL, 2012, Pp. 168-211.

Hong Thao Nguyen and Rames Amer, Coastal States in the South China Sea and Submissions of Outer Limits of Continental Shelf, ODIL, 2011, Pp. 245-263

Huang Jing and Billo Andrew (eds), Territorial Disputes in the South China Sea: Navigating Rough Waters, Palgrave, Macmillan, 2016, 212 p.

Huang Yao and Tran Vuongi Pham, Fisheries Cooperation and Management Mechanisms in the South China Sea: Context, Limitations and Prospects for the Future, CJCL, 2016, Pp. 128-148

Jayewardene Hiran W., The Regime of Islands in International Law, Dordrecht, M. Nijhoff, 1990, 572 p.

Jia Bing Bing, The Principle of the Domination of the Land over the Sea: A Historical Perspective on the Adaptability of the Law of the Sea to New Challenges, GYBIL, 2015, Pp. 63-93.

Jimenez A. A., Philippines' Approaches to the South China Sea Disputes: International Arbitration and the Challenges of the Rule-Based Regime, in Huang Jing and Billo Andrew (eds), Territorial Disputes in the South China Sea : Navigating Rough Waters, Macmillan, 2015, Pp. 99-127.

Jimming Li and Dexia Li, The Dotted Line on the China Map of the South China Sea : A Note, ODIL, 2003, Pp. 287-295

Joyner Christopher C., The Spratley Islands Dispute in the South China Sea: Problems, Policies and Prospects for Diplomatic

Accommodation, in Singh Ranjeet K. (ed), Investigating Confidence-Building Measures in the Asia-Pacific Region, Washington, 1999, Pp.

Joyner Christopher C, The Spratley Islands Dispute: Rethinking the Interplay of Law, Diplomacy and Geo-politics in the South China Sea, IJMCL, 1998, Pp. 193-236.

Kardon I. B., China's Maritime Interest and the Law of the Sea: Domesticating Public International Law, in Garrick J. and Bennett Y. C. (eds), China's Socialist Rule of Law Reforms under Xi Jinping, London, Routledge, 2016, Pp. 179-196.

Kuan-Hsiung, Wang, Peaceful Settlement of Disputes in the Soutn China Sea through Fisheries Resources Cooperation and Management, Baltimore, Corey School of Law, 2015, 45 p.

Keyuan, Zou, Historics Rights in the South China Sea, in Shicun Wu, Mark Valencia and Hong Nong (eds), UNConvention on the Law of Sea and the South China Sea, Ashgate, 2015, Pp. 239-250

Keyuan Zou, How Coastal States Claim Maritime Geographic Features: Legal Clarity or Conundrum, ChJIL, 2012, Pp. 749-765

Keyuan Zou, China's U-Shapped Line in the South China Sea Revisited, ODIL, 2012, Pp. 18-34

Keyuan Zou, The Sino-Viet Namese Agreement on Maritime Boundary Delimitation in the Gulf of Tonkin, ODIL, 2005, Pp. 13-24.

Keyuan Zou, Law of the Sea in East Asia: Issues and Prospects, London, Routledge, 2005, 260 p.

Kolb Robert, L'interprétation de l'article 121, paragraphe 3 de la Convention de Montego Bay sur le droit de la mer : Les rochers qui ne se prêtent pas à l'habitation humaine ou à une vie économique propre, AFDI, 1994, Pp. 876-909.

Kwiatowska Barbara and Soons Alfred H., Entitlement to Maritime Areas of Rocks which Cannot Sustain Human Habitation or Economic Life of their Own, NYBIL, 1990, Pp. 139-181

Li Jianwei and Amer Rames, Managing Tensions in the South China Sea: Comparing the China-Philippines and the China-Viet Nam

Approaches, in Thuy Truong Tran and Trang Le Thuy (eds), Power, Law and Maritime Order in the South China Sea, Lexington Books, 2015, Pp. 243-266.

Logchem, van Youri, The Scope for Unilateralism in Disputed Maritime Ares, in Schofield Clive (eds), The Limits of Maritime Jurisdiction, Leiden M. Nijhoff Publishers, 2013, Pp. 175-197.

Lyons Youna, Prospects for Satellites Imagery of Insular Features and Surrounding Marine Habitats in the South China Sea, Mar. Pol., 2014, Pp. 146 et s.

McCormack Gavan, Troubled Seas: Japan's Pacific and East China Sea Domains (and Claims), Asia-Pacific Journal, 2012, pp. 10 et s.

McDorman Ted L., Rights and Jurisdiction over Resources in the South China Sea: UNCLOS and the Nine-Dash Line, in Jakumar S., Koh Tommy and Beckman Robert, The South China Sea Disputes and Law of the Sea, Edward Elgar, 2014, Pp. 144-163.

McDorman Ted L., The International Legal Framework and the State Activities Regarding the Continental Shelf Beyond 200 n. Miles in and adjacent the East and South China Seas, in Dyke van, Jon M. and Park C. (eds), Governing Oceans Resources: New Challenges and Emerging Regimes. A Tribute to Judge Choon-Ho Park, Leiden, M. Nijhoff Publishers, 2013, Pp. 165-193.

Mitchell R., An International Commission of Inquiry for the South China Sea? Defining the Law of Sovereignty to Determine the Chance for Peace, VandJTL, 2016, Pp. 749-817

Nordquist, Myron H., Moore, John N. and Heidar Tomas H., (eds), Legal and Scientific Aspects of Continental Shelf Limits, Leiden, M. Nijhoff Publishers, 2004, 467 p.

Noyes John, Judicial and Arbitral Proceedings and the outer Limits of the Continental Shelf, VandJTL, 2009, Pp. 1211-1265

O'Connell Daniel P. The International Law of the Sea, by Shearer Ivan A. (ed), Oxford, Clarendon Press, 1982

Oude Elferink, Alex G., Arguing Internationlal Law in the South China Sea Disputes: The Haiyang Shiyou 98 and USS Lassen and the Phillipines v. China Arbitration, IJMCL, 2016, Pp. 205-241

Oude Elferink, Alex G., Do the Coastal States in the South China Sea Have a Continental Shelf Beyond 200 Nautical Miles? in Jakumar S., Koh Tommy and Beckman Robert, The South China Sea Disputes and Law of the Sea, Edward Elgar Publishing, 2014, Pp. 164-191

Oxman, Bernard H. The South China Sea Arbitration Award, Coral Gables, 2016, 19 p.

Oxman Bernard H., Offshore Features Subject to Claim of Sovereignty, in Jayakumar S., Koh Tommy and Beckman Robert (eds), The South China Sea Disputes and Law of the Sea, Edward Elgar, 2014, Pp. 8-20.

Papadakis Nikos, The International Regime of Artificial Islands, Leiden, Sijthoff, 1977, 277 p.

Pedrozo P, The Building of China's Great Wall at Sea, OCLJ, 2012, Pp. 253-283

Prescott Victor and Schofield Clive, The Maritime Boundaries of the World, Leiden M. Nijhoff Publishers, 2005, p.

RAO PEMMARAJU, S, The South China Sea Arbitration: Assessment of the Award on Jurisdiction and Admissibility, ChJIL, 2006, Pp. 265-307

Rothwell D. R., The 1982 Convention on the Law of the Sea and Its relevance to Maritime Disputes in the South China Sea, in Buszynski L. and Roberts C. B. (eds), The South China Sea Maritime Disputes: Political, Legal and Regional Perspectives, 2015, Pp. 46-59.

Rothwell D. R., UNCLOS Navigational Regimes and their Significance for the South China Sea, in Wu Shicun, Valencia Mark and Nong Hong (eds), UN Convention on the Law of the Sea and the South China Sea, Asghate, 2015, Pp. 149-189.

Rothwell D. R., Maritime Regulation and Enforcement: The Legal Framework for the South China Sea, in Thuy Truong Tran and Trang

Le Thuy (eds), Power, Law and Maritime Order in the South China Sea, Lexington Books, 2015, Pp. 197-218.

Schaeffer D.The South China Sea : A Piece in the Global Naval Encirclement Strategy of Taiwan by Mainland China, in Song Yann-Huei and Keyuan Zou (eds), Major Law and Policy Issues in the South China Sea : European and American Perspectives, 2014, Pp. 245-254.

Schofield, Clive, What's at Stake in the South China Sea? Geographical and Geopolitical Considerations, in Beckman, Robert, Townsend-Gault I, Schofield Clive, Davenport T and Bernard L (eds), Beyond Territorial Disputes in the South China Sea : Legal Framework for joint Development of Hydrocarbon Resources, Edward Elgar Publishing, 2013, Pp. 11-46.

Schofield Clive (eds), The Limits of Maritime Jurisdiction, Leiden, M. Nijhoff Publishers, 2013, 794 p.

Schofield Clive, Adrift on Complex Waters : Geographical, Geopolitical and Legal Dimensions to the South China Sea Disputes, in Buszynski L and Robert C. B. (eds), The South China Sea Maritime Dispute : Political, Legal and Regional Perspectives, 2015, Pp. 24-45.

Schofield Clive, Trouble over the Starting Line : State Practice Concerning Baselines in the South China Sea, in Wu Shicun, Valencia Mark and Nong Hong (eds), UN Convention on the Law of the Sea and the South China Sea, Asghate, 2015, Pp. 123-147.

Schofield Clive and Wang Dustin Kuan-Hsiung, The Regime of Island under UNCLOS : Implications for the South China Sea, in Schofield Clive (ed), Maritime Energy Resources in Asia : Legal Regime and Cooperation, February 2012, Pp. 63-

Schofield, Clive, Island or Rocks – Is That the Real Question ? in Nordquist, Myron H. (ed), The Law of the Sea : The US Accession and Globalization, Leiden M. Nijhoff Publishers, 2012, Pp. 322-340.

Schofield, Clive, Defining the Boundary Between Land and Sea : Territorial Sea Baselines in the South China Sea, in Jakumar S. Koh Tommy and Beckman Robert, The South China Sea Disputes and Law of the Sea, Edward Elgar, 2014, Pp. 21-54

Schofield Clive and Tan-Mullins May, Claims conflicts and Cooperation in the Gulf of Thailand, Ocean YearBook, 2008, Pp. 75-116

Schofield Clive H. and Arsana Andi, Closing the Loop : Indonesia's Revised Archipelagic Baselines System, AJMOA, 2009,Pp.

Sheng-Ti Gau, Michael,The Prospects for the Sino-Philippines Arbitration on the South China Sea (U Shapped Line) Dispute, CYBILA, 2013, Pp. 195-230.

Sheng-Ti Gau, Michael, Case Study on the Application of Part XV of UNCLOS to the Annex VII Arbitration Case Concerning the South China Sea Disputes between China and the Philippines, in Shicun Wu, Mark Valencia and Nong Hong (eds), UNConvention of the Law of the Sea and the South China Sea, Asghate, 2015, Pp. 301-339.

Smith Robert W., Straits Baselines : The Need for a Universally Applied Norm, ODIL, 2000, Pp. 47-80

Song, Yann-Huei, The Application of Article 121 of UNCLOS to the Selected Geographical Features Situated in the Pacific, ChJIL, 2010, Pp. 663-698

Song Yann-Huei, Okinotorishima : A Rock or An Island ? Recent Maritime Boundary Contreversy between Japan and Taiwan/China, in Hong Yann-Hue and Dyke van Jon M., Maritime boundary Disputes, Settlement Precessus and the Law of the Sea, M. Nijhoff, 2009, Pp. 145-176.

Song Yann-Huei, The Legal Status of Taiping Islands under the United Nations Convention on the Law of the Sea, KJICL 2015, Pp. 115-138.

Song Yann-Huei, Possibility of US Accession to the LOS Convention and its Potential Impact on Practices States and Maritime Claims in the South China Sea, in Song Yann-Huei and Keyuan Zou (eds), Major Law and Policy Issues in the South China Sea : European and American Perspectives, 2014, Pp. 75-78.

Song Yann-Hue and Tonnesson Stein, The Impact of the Law of the Sea Convention on Conflict and Conflict Management in the South China Sea, ODIL, 2013, Pp. 235-269

Symmons, Clive R., Historic Waters and Historic Rights in the South China Sea : A Critical Appraisal, in Shicun Wu, Mark Valencia and Nong Hong (eds), UNConvention of the Law of the Sea and the South China Sea, Asghate, 2015, Pp. 191-238.

Symmons, Clive R., Historic Waters in the Law of the Sea : A Modern Re-appraisal, Leiden, M. Nijhoff, 2008, 322 p.

Symmons, Clive R., Maritime Zones from Islands and Rocks, in Jakumar s., Koh Tommy and Beckman Robert (eds), The South China Sea Disputes and Law of the Sea, Edward Elgar Publishing, 2014, Pp. 55-120

Symmons Clive R., Rights and Jurisdiction over Resources and Obligations of Coastal States : Validity of Historic Rights Claim, in Thuy Truong Tran and Trang Le Thuy (eds), Power, Law and Maritime Order in the South China Sea, Lexington Books, 2015, Pp. 145-166.

Talmon S., The South China Sea Arbitration : Observation on the Award on Jurisdiction and Admissibility, ChJIL, Pp. 1-93

Talmon S.A.G and Jia Bing Bing (eds)., The South China Sea Arbitration : A Chinese Perspective, Hart Publishing, 2014, 241p.

Than-Dam, Truong, The South China Sea and Asia Regionalism : A Critical Realist Perspective, Berlin, Springer, 2016, 105 p.

Thayer C. A. China-ASEAN and the South China Sea : Chinese Assertiveness and Southeast Asian Responses, in Song Yann-Huei and Keyuan Zou (eds), Major Law and Policy Issues in the South China Sea : European and American Perspectives, 2014, Pp. 25-53.

Thuy Truong Tran, Code of Conduite and the Prevention and Management of Incidents in the South China Sea, in Thuy Truong Tran and Trang Le Thuy, Power, Law and Maritime Order in the South China Sea, Lexington Books, 2015, Pp. 317-330.

Till G., Close Encounters of a Maritime Kind : Freedom of Navigation and Its impact on the South China Sea Problems, in Song Yann-Huei and Keyuan Zou (eds), Major Law and Policy Issues in the South China Sea : European and American Perspectives, 2014, Pp. 177-195.

Tonnesson S., Could China and Viet Nam Resolve the Conflicts in the South China Sea ? in Song Yann-Huei and Keyuan Zou (eds), Major Law and Policy Issues in the South China Sea : European and American Perspectives, 2014, Pp. 207-243.

Tonnesson S., The 2002 Declaration on the Conduct of the Parties in the South China Sea. Why Has not it Brought More Peace and Cooperation ? in Thuy Truong Tran and Trang Le Thuy (eds), Power Law and Maritime Order in the South China Sea, Lexington Books, 2015, Pp. 91-100.

Truong Thanh-Dam and Knio Karim, The United Nations Convention on the Law of the Sea (UNCLOS III) and China Assertion of the U-Shaped Line, in Truong Thanh-Dam and Knio Karim (eds), The South China Sea and Asian Regionalism : A Critical Realist Perspective, 2016, Pp. 61-83

Tzanakopoulos, Antonios, Resolving Disputes over the South China Sea under the Compulsory Disputes Settlement System of the UNConvention on the Law of the Sea, Rochester, N-Y., 2016, 14 p.

Valencia Mark J., Validity of Malaysia's Baselines and Territorial Sea Claim in the Northern Malacca Strait, Mar. Pol. 2003, Pp. 367-373

Vu Hai Dang, Establishing a Marine Peace Park in the Spratly : An Option for Implementing the Declaration ofn the Conduct of Parties in the South China Sea, in Thuy Truong Tran and Trang Le Thuy (eds), Power, Law and Maritime Order in the South China Sea, Lexington Books, 2015, Pp. 293-315.

Wagner K. Benjamin, Lessons from Lassen : Plotting a Proper Course for Freedom of Navigation Operations in the South China Sea, JEAIL, 2016, Pp. 137-166.

Xue, Guifang, Deep Danger : Intensified Competition in the South China Sea and Implication for China, OCLJ, 2012, Pp. 307 et s.

Yamamoto Lilian and Esteban Miguel, Vanishing Island States and Sovereignty, ODIL, 2010, Pp. 1-9

Zhang J., China's South China Sea Policy : Evolution, Claims and Challenges, in Buszynski L. and Robert C. B.(eds), The South China Sea Maritime Dispute : Political, Legal and Regional Perspectives, 2015, Pp. 60-82.

INDEX ALPHABETIQUE

(*Les nombres renvoient aux numéros des paragraphes*)

A

B

C

D

N

O

P

Q, R

TABLE DES MATIERES

Structures éditoriales du groupe L'Harmattan

L'Harmattan Italie
Via degli Artisti, 15
10124 Torino
harmattan.italia@gmail.com

L'Harmattan Hongrie
Kossuth l. u. 14-16.
1053 Budapest
harmattan@harmattan.hu

L'Harmattan Sénégal
10 VDN en face Mermoz
BP 45034 Dakar-Fann
senharmattan@gmail.com

L'Harmattan Cameroun
TSINGA/FECAFOOT
BP 11486 Yaoundé
inkoukam@gmail.com

L'Harmattan Burkina Faso
Achille Somé – tengnule@hotmail.fr

L'Harmattan Guinée
Almamya, rue KA 028 OKB Agency
BP 3470 Conakry
harmattanguinee@yahoo.fr

L'Harmattan RDC
185, avenue Nyangwe
Commune de Lingwala – Kinshasa
matangilamusadila@yahoo.fr

L'Harmattan Congo
67, boulevard Denis-Sassou-N'Guesso
BP 2874 Brazzaville
harmattan.congo@yahoo.fr

L'Harmattan Mali
ACI 2000 - Immeuble Mgr Jean Marie Cisse
Bureau 10
BP 145 Bamako-Mali
mali@harmattan.fr

L'Harmattan Togo
Djidjole – Lomé
Maison Amela
face EPP BATOME
ddamela@aol.com

L'Harmattan Côte d'Ivoire
Résidence Karl – Cité des Arts
Abidjan-Cocody
03 BP 1588 Abidjan
espace_harmattan.ci@hotmail.fr

Nos librairies en France

Librairie internationale
16, rue des Écoles
75005 Paris
librairie.internationale@harmattan.fr
01 40 46 79 11
www.librairieharmattan.com

Librairie des savoirs
21, rue des Écoles
75005 Paris
librairie.sh@harmattan.fr
01 46 34 13 71
www.librairieharmattansh.com

Librairie Le Lucernaire
53, rue Notre-Dame-des-Champs
75006 Paris
librairie@lucernaire.fr
01 42 22 67 13

www.ingramcontent.com/pod-product-compliance
Lightning Source LLC
LaVergne TN
LVHW010933061026
849535LV00007B/2383
* 9 7 8 2 3 4 3 2 4 5 5 6 0 *